Le français langue seconde par thèmes

Cahier d'exercices • Niveau débutant

Guylaine Cardinal

Le français langue seconde par thèmes

Cahier d'exercices • Niveau débutant

gaëtan morin éditeur
CHENELIÈRE ÉDUCATION

Le français langue seconde par thèmes
Cahier d'exercices • Niveau débutant

Guylaine Cardinal

Révision linguistique : Odile Germain
Illustrateur : Marc St-Onge

Tableau de la couverture :
En préparation
Œuvre de **Marcel H. Poirier**

Marcel H. Poirier, peintre autodidacte, est né à Verdun en 1946. Immobilisé à la suite d'un accident survenu en 1968, il commence à peindre. C'est une véritable révélation et une renaissance pour lui. Grâce à l'indéfectible appui moral et à l'encouragement d'artistes comme Léo Ayotte, Narcisse Poirier, René Richard et Albert Rousseau, ses expositions et les honneurs se succèdent depuis 1972 à un rythme soutenu.

En 1974, Radio-Canada fait un reportage à son atelier. Lors d'une entrevue à Télé-Métropole en 1975, Léo Ayotte déclare que Marcel H. Poirier est habité par le feu sacré. Cette même année, le Festival de la peinture du Québec lui décerne une mention honorifique. Trois ans plus tard, il recevra la Grande Médaille des arts de ce même festival. En 1980, le Centre culturel de Verdun ajoute son nom à sa prestigieuse liste d'exposants. Il remporte, en 1981, le premier prix au Concours de peintures géantes du Stade olympique. En 1982, il reçoit la médaille d'or au Salon international de peinture de Sherbrooke, qui réunit plus de 80 exposants de dix pays. Cette même année, son nom apparaît dans le *Dictionnaire des artistes canadiens* de Colin S. McDonald. En 1989, une exposition solo au Musée Marc-Aurèle Fortin à Montréal marque un jalon important dans la carrière florissante de cet artiste.

Le nom de Marcel H. Poirier est répertorié dans plus de quinze livres d'art, dont une monographie de Guy Robert publiée en 1983.

**Catalogage avant publication
de la Bibliothèque nationale du Canada**

Cardinal, Guylaine, 1964-

Le français langue seconde par thèmes : cahier d'exercices

Sommaire : **[1] Débutant** – [2] Intermédiaire – [3] Avancé.

ISBN 2-89105-568-3 (v. 1) – ISBN 2-89105-569-1 (v. 2) – ISBN 2-89105-572-1 (v. 3)

1. Français (Langue) – Problèmes et exercices. 2. Français (Langue) – Grammaire. 3. Français (Langue) – Vocabulaires et manuels de conversation. I. Titre.

PC2128.C37 2003 448.2'4 C95-940364-7

CHENELIÈRE ÉDUCATION

7001, boul. Saint-Laurent
Montréal (Québec) Canada H2S 3E3
Téléphone : (514) 273-1066
Télécopieur : (514) 276-0324
info@cheneliere-education.ca

ISBN 2-89105-568-3

Dépôt légal : 2e trimestre 1995
Bibliothèque nationale du Québec
Bibliothèque nationale du Canada

Imprimé au Canada

7 8 9 10 11 ITIB 07 06 05 04 03

Nous reconnaissons l'aide financière du gouvernement du Canada par l'entremise du Programme d'aide au développement de l'industrie de l'édition (PADIÉ) pour nos activités d'édition.

Gouvernement du Québec – Programme de crédit d'impôt pour l'édition de livres – Gestion SODEC

Remerciements

Tous mes remerciements vont à :

- l'équipe de Gaëtan Morin Éditeur, pour son très grand professionnalisme,
- tous mes étudiants, qui m'ont beaucoup appris,
- Josie Piech, qui m'a fortement encouragée à réaliser ce projet,
- Émile et Denise Cardinal, qui ont grandement facilité mon travail.

Aussi, je désire adresser un merci tout spécial à Marc St-Onge, sans qui cet ouvrage n'aurait jamais vu le jour. C'est grâce à sa passion pour l'informatique et à ses précieux conseils que ce projet a pu se réaliser.

Guylaine Cardinal

Avertissement

Dans cet ouvrage, le masculin est utilisé comme représentant des deux sexes, sans discrimination à l'égard des hommes et des femmes et dans le seul but d'alléger le texte.

Table des matières

		Partie I	Partie III
		Thèmes	**Corrigé**
Remerciements		V	
THÈME 1	La santé	3	249
THÈME 2	Les qualités et les défauts	29	250
THÈME 3	La météo	45	251
THÈME 4	Les transports	61	253
THÈME 5	Le travail	83	254
THÈME 6	Les actions quotidiennes	101	255
THÈME 7	Le bureau	119	256
THÈME 8	Les voyages	139	257
	Partie II — Références grammaticales		
1.	L'alphabet français	167	261
2.	Les neuf sortes de mots	169	–
3.	Les noms	171	261
4.	Les articles	177	261
5.	Les adjectifs	185	262
6.	Les pronoms personnels sujets	195	–
7.	Les verbes	197	264
8.	La négation	219	266
9.	La question	233	267

PARTIE I

Thèmes

THÈME 1
La santé

LE CORPS HUMAIN

J'AI...

des cheveux
des yeux
un nez
des oreilles
des dents
une bouche

J'AI...

un dos
un cœur
des bras
des doigts
des mains
des jambes
un ventre
des pieds
des orteils

EXERCICE 1 ***Mémorisez les parties du corps humain.***

EXERCICE 2 *Trouvez le pluriel de chaque nom.*

Singulier	Pluriel
1. une bouche :	des
2. une dent :	des
3. une oreille :	des
4. une main :	des mains
5. un doigt :	des
6. un ventre :	des
7. un cœur :	des
8. une jambe :	des
9. un pied :	des pieds
10. un cheveu :	des cheveux
11. un œil :	des yeux
12. un nez :	des
13. un bras :	des
14. un dos :	des

Le pluriel des noms

☞ Voir les Références grammaticales, pages 171 à 173.

COMMENT VAS-TU ? / COMMENT ALLEZ-VOUS ?

– Je vais bien.

– Je **ne** vais **pas** bien. Je vais mal !
- – **Pourquoi ?**
  - – Parce que j'ai mal...
    - au dos
    - au bras
    - à la tête
    - à la jambe
    - aux oreilles

ALLER BIEN / MAL

ALLER + BIEN
+ MAL

Aller au présent
je vais
tu vas
il/elle/on va
nous allons
vous allez
ils/elles vont

AVOIR MAL

AVOIR + MAL

EXERCICE 3 *Répondez aux questions comme dans l'exemple.*

Exemple : Comment va-t-il ?
(avoir mal au dos) Il ne va pas bien. Il a mal au dos.

1. Comment vas-tu ? Je ne vais pas bien
   (avoir mal à la tête) J'ai mal à la tête
2. Comment allez-vous ? Je ne vais pas bien
   (avoir mal aux jambes) J'ai mal aux jambes.
3. Comment va-t-elle ? Elle ne va pas bien
   (avoir mal à la tête) Elle a mal à la tête
4. Comment va-t-il ? Il ne va pas bien
   (avoir mal aux oreilles) Il a mal aux oreilles
5. Comment vas-tu ? Je ne vais pas bien.
   (avoir mal aux yeux) J'ai mal aux yeux
6. Comment vont-elles ? Elles ne vont pas bien
   (avoir mal aux pieds) Elles sont mal aux pieds
7. Comment allez-vous ? Nous n'allons pas bien
   (avoir mal aux jambes) Nous avons mal aux jambes.
8. Comment vont-ils ? Ils ne vont pas bien.
   (avoir mal aux dents) Ils sont mal aux dents.

ES-TU EN BONNE SANTÉ ?

– **Oui**, je suis en bonne santé.
   – **Qu'est-ce que tu fais pour être en bonne santé ?**
      – Je mange bien et je fais de l'exercice.

– **Non**, je **ne** suis **pas** en bonne santé. Je suis malade !
   – **Qu'est-ce que tu as ?**
      – J'ai...
         - le rhume (cold)
         - la grippe (flu)
         - une bronchite
         - une pneumonie - pronounce - pn eu

ÊTRE EN BONNE SANTÉ / MALADE

ÊTRE + EN BONNE SANTÉ
+ MALADE

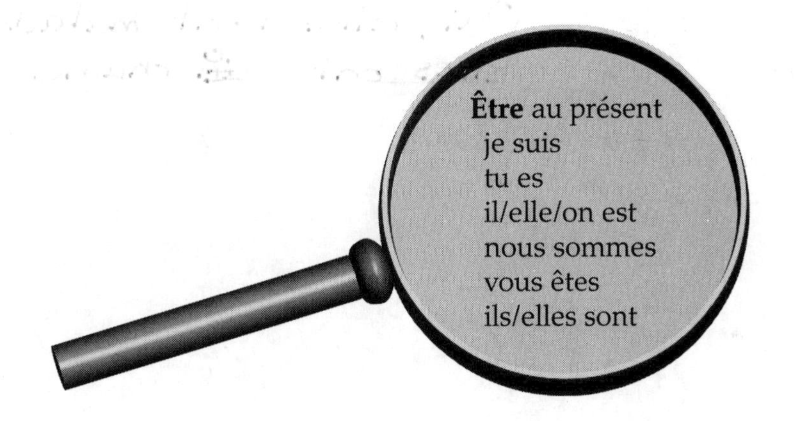

EXERCICE 4 *Répondez aux questions.*

Exemple : Est-il malade ?
(bronchite) Oui, il est malade. Il a une bronchite.

1. Est-elle malade ? Oui, elle est malade.
   (grippe) Elle a ~~une~~ la grippe.

2. Êtes-vous malade ? Oui, je suis malade
   (rhume) J'ai ~~un~~ le rhume.

3. Sont-ils malades ? Oui, Ils sont malades
   (grippe) Ils ont ~~une~~ la grippe.

4. Es-tu malade ? Oui, je suis malade
   (pneumonie) J'ai une pneumonie.

5. Sont-elles malades ? Oui, elles sont malade.
   (rhume) Elles ont ~~un~~ le rhume

L'ALIMENTATION

AS-TU FAIM ?

– **Oui**, j'ai faim.

– **Non**, je **n'**ai **pas** faim.

AVOIR FAIM

AVOIR + FAIM

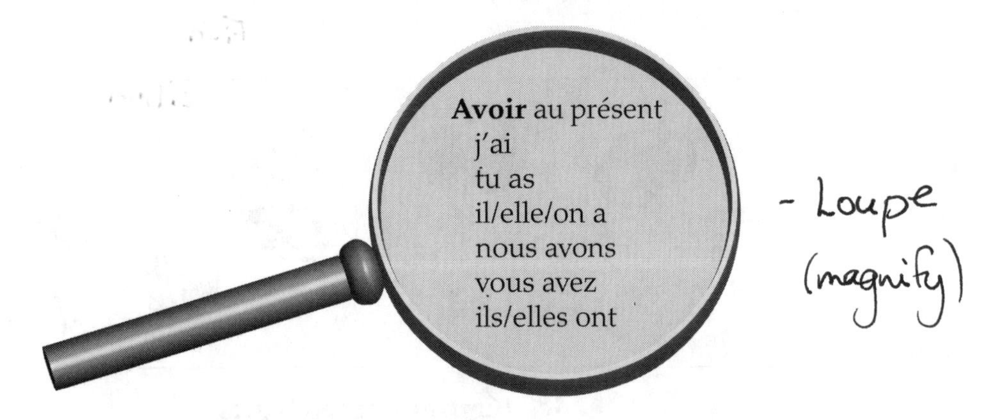

QU'EST-CE QUE TU VEUX MANGER ?

What do you want to eat?

– Je veux manger...

- une pomme
- des céréales
- du poulet

MANGER

Passé ← Présent → Futur

Passé composé	**Présent**	**Futur immédiat**
j'ai mangé	je mange	je vais manger
tu as mangé	tu manges	tu vas manger
il/elle/on a mangé	il/elle/on mange	il/elle/on va manger
nous avons mangé	nous mangeons	nous allons manger
vous avez mangé	vous mangez	vous allez manger
ils/elles ont mangé	ils/elles mangent	ils/elles vont manger

LES QUATRE GROUPES ALIMENTAIRES

la viande, la volaille et le poisson

les légumes et les fruits

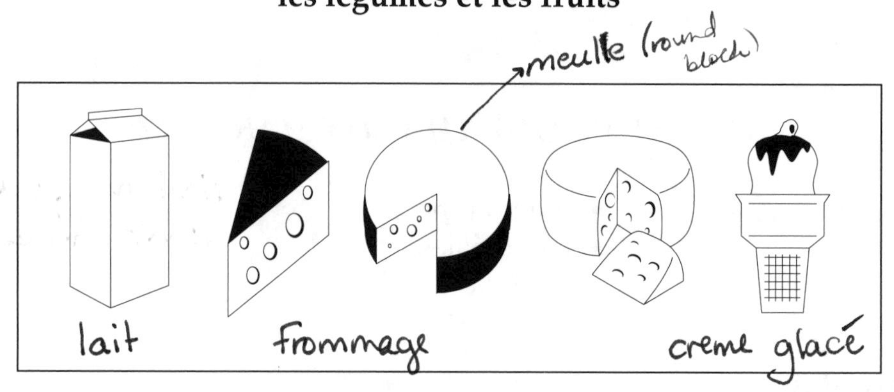

les produits laitiers

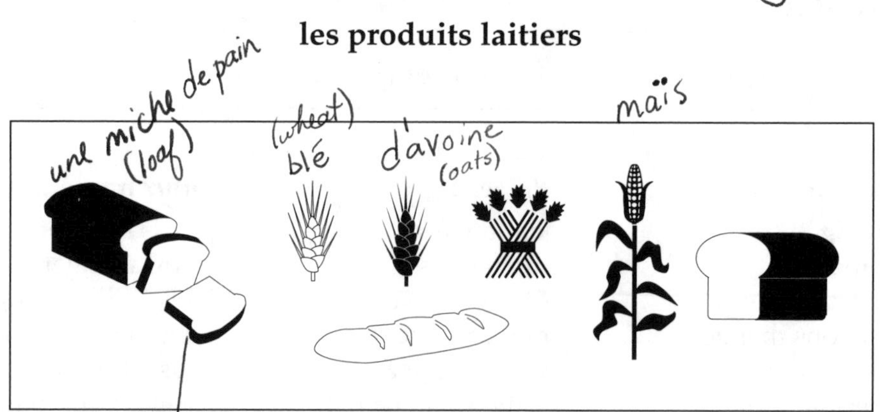

les céréales et le pain

EXERCICE 5 *Identifiez la nature de chaque aliment.*

Exemple : une carotte : un légume

1. une fraise : ______________________
2. un raisin : ______________________
3. du poulet : ______________________
4. du bœuf : ______________________
5. du céleri : ______________________
6. du yogourt : ______________________
7. du blé : ______________________
8. une pomme : ______________________
9. du fromage : ______________________
10. un oignon : ______________________
11. du beurre : ______________________
12. du saumon : ______________________
13. une framboise : ______________________
14. de la crème glacée : ______________________
15. un champignon : ______________________

LES ARTICLES *UN, UNE, DES* ET *LE, LA, L', LES*

Choses **quantifiables**

Exemples :	**une** pomme	**la** pomme
	un champignon	**le** champignon
	un oignon	**l'**oignon
	des fraises	**les** fraises

Les articles définis et indéfinis

☞ Voir les Références grammaticales, pages 177 à 181.

LES ARTICLES *DU, DE LA, DE L', DES*

Choses **non quantifiables**

Exemples : **du** fromage
du beurre
de la crème glacée

mais... **une** pointe **de** fromage
(quantité définie)

un morceau **de** beurre
(quantité définie)

un bol **de** crème glacée
(quantité définie)

Les articles partitifs

☞ Voir les Références grammaticales, page 183.

EXERCICE 6 *Identifiez les aliments d'après la liste qui suit.*

des œufs – des saucisses – du gâteau – du fromage – du poulet – du pain – un épi de maïs – une grappe de raisins – une poire – une pomme – des champignons – des tomates – des oignons – un croissant – un cornet de crème glacée

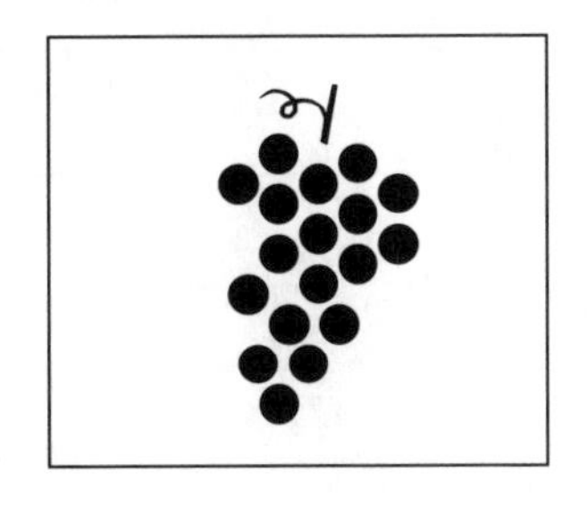

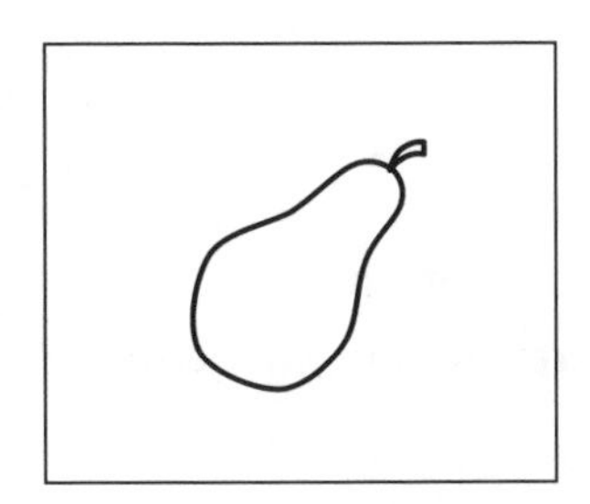

1. ____________ 2. ____________ 3. ____________

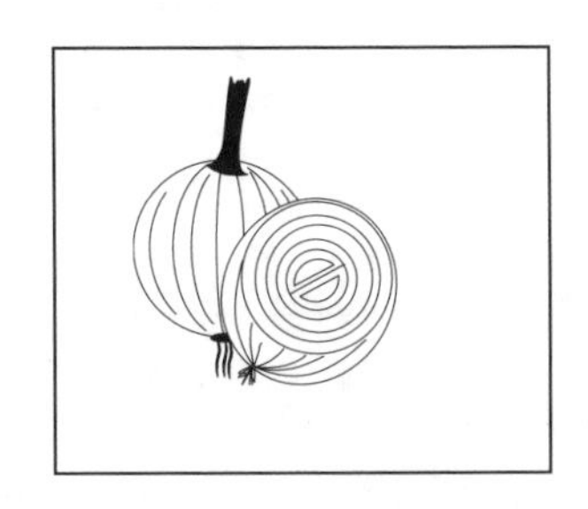

4. ____________ 5. ____________ 6. ____________

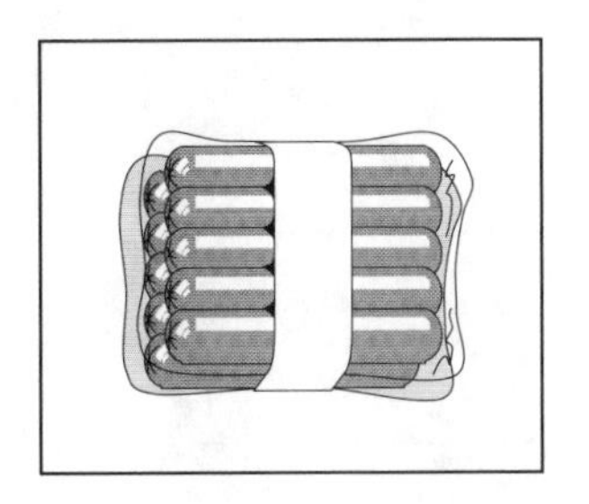

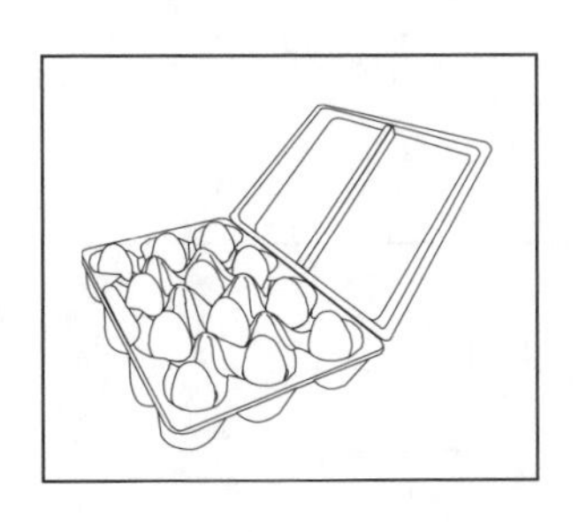

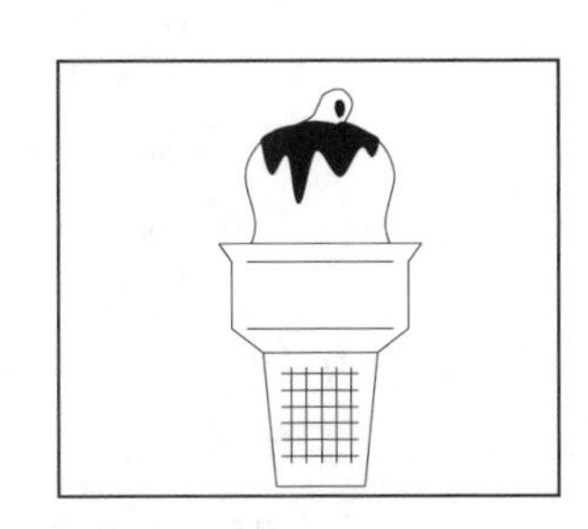

7. ____________ 8. ____________ 9. ____________

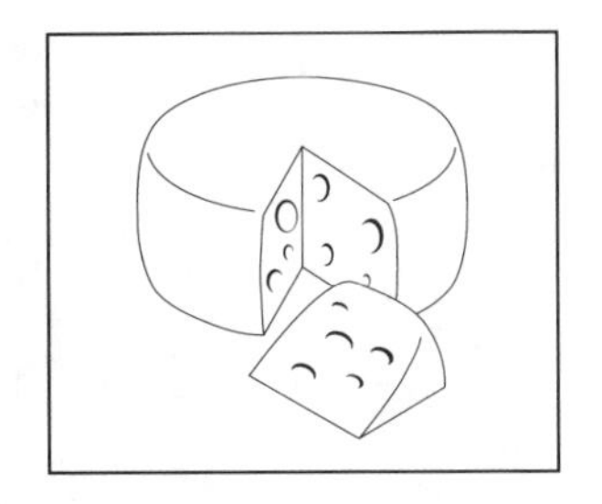

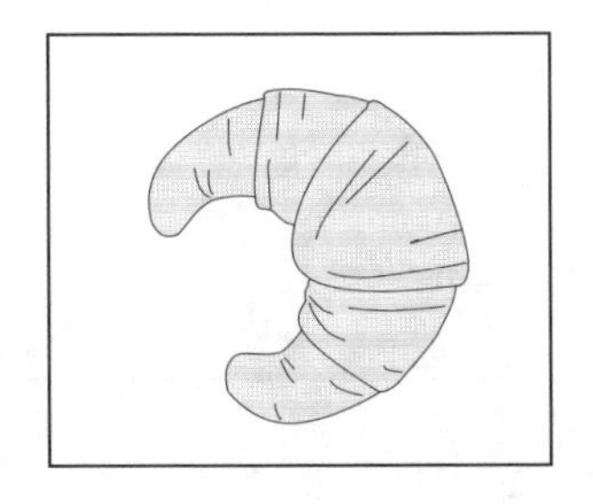

10. ____________ 11. ____________ 12. ____________

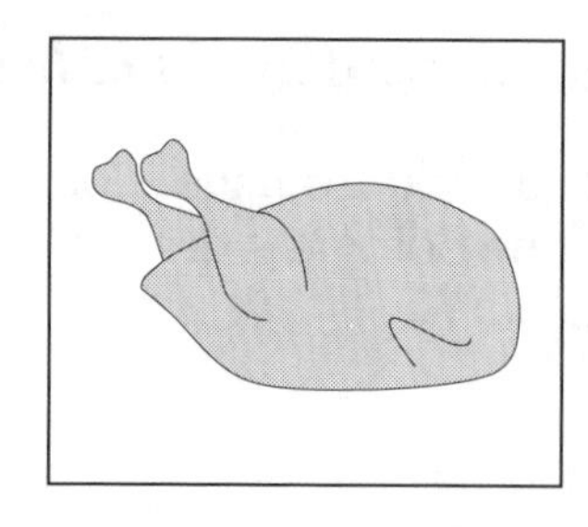

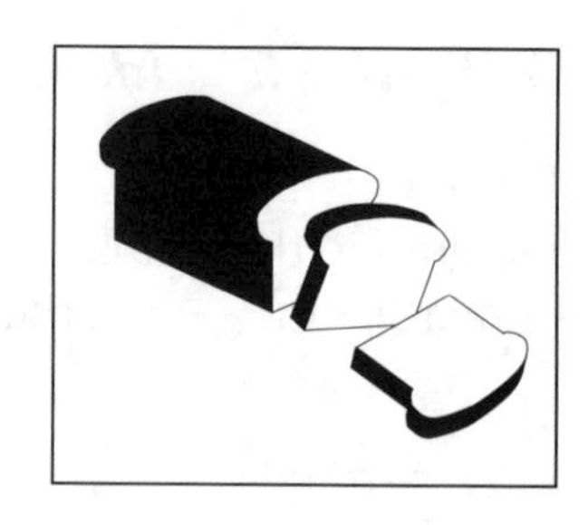

13. ____________ 14. ____________ 15. ____________

EXERCICE 7 *Répondez aux questions.*

Exemple : Qu'est-ce qu'il mange ?
(fromage) Il mange du fromage.

1. Qu'est-ce qu'elle mange ?
(fraises) ____________

2. Qu'est-ce que tu manges ?
(croissant) ____________

3. Qu'est-ce que vous mangez ?
(poulet) Nous ____________

4. Qu'est-ce qu'ils mangent ?
(pain) ____________

5. Qu'est-ce qu'on mange ?
(framboises) ____________

6. Qu'est-ce qu'elles mangent ?
(poisson) ____________

7. Qu'est-ce que tu manges ?
(céréales) ____________

8. Qu'est-ce qu'il mange ?
(œuf) ____________

9. Qu'est-ce que nous mangeons ?
(gâteau) ____________

10. Qu'est-ce que vous mangez ?
(tomates) Je ____________

LES BOISSONS

AS-TU SOIF ?

– **Oui**, j'ai soif.

– **Non**, je **n'**ai **pas** soif.

AVOIR SOIF

AVOIR + SOIF

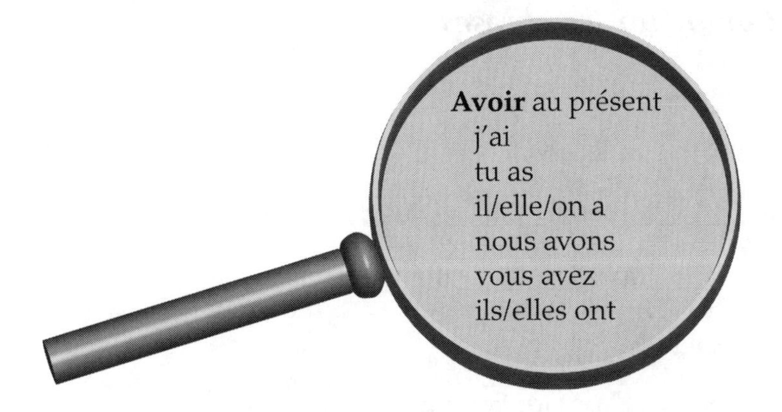

QU'EST-CE QUE TU VEUX BOIRE ?

– Je veux boire...

- du thé
- du café
- du lait
- du jus
- de l'eau

BOIRE

Passé ← Présent → Futur

Passé composé	**Présent**	**Futur immédiat**
j'ai bu	je bois	je vais boire
tu as bu	tu bois	tu vas boire
il/elle/on a bu	il/elle/on boit	il/elle/on va boire
nous avons bu	nous buvons	nous allons boire
vous avez bu	vous buvez	vous allez boire
ils/elles ont bu	ils/elles boivent	ils/elles vont boire

OBSERVEZ :

Je bois **du** thé.	**mais**	Je bois **une tasse de** thé.
Je bois **du** café.	**mais**	Je bois **une tasse de** café.
Je bois **du** lait.	**mais**	Je bois **un verre de** lait.
Je bois **du** jus.	**mais**	Je bois **un verre de** jus.
Je bois **de** l'eau.	**mais**	Je bois **un verre d'**eau.

EXERCICE 8 *Complétez les phrases.*

1. Je bois ________ café.
2. Elles boivent ________ vin.
3. Tu bois ________ verre ________ jus d'orange.
4. Il boit ________tasse ________ thé.
5. Elle boit ________ lait.
6. Ils mangent ________ tarte au sucre.
7. Tu manges ________ morceau ________ gâteau au chocolat.
8. Je mange _______ pointe _________ fromage.
9. Nous mangeons ________ pain.
10. Vous mangez ________ poulet.
11. On mange ________ beurre d'arachide.
12. Ils mangent ________ sauce aux tomates.

EXERCICE 9 *Conjuguez les verbes suivants.*

Présent

1. (avoir faim) J' ______________________
2. (manger) Il ______________________
3. (avoir soif) Vous ______________________
4. (boire) Elle ______________________
5. (avoir soif) Nous ______________________
6. (avoir faim) Il ______________________
7. (avoir soif) J' ______________________
8. (boire) Tu ______________________

Passé composé

9. (manger) J' ______________________
10. (boire) Ils ______________________
11. (manger) Nous ______________________
12. (boire) J' ______________________

Futur immédiat

13. (manger) Nous ______________________
14. (boire) Tu ______________________
15. (manger) Je ______________________
16. (boire) Elles ______________________

LES TROIS REPAS

Anita est en bonne santé. Elle mange bien. Elle mange trois repas par jour. Le matin, elle déjeune. Le midi, elle dîne. Le soir, elle soupe.

DÉJEUNER

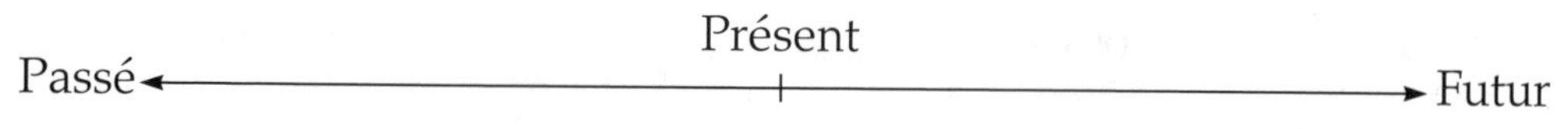

Passé composé	**Présent**	**Futur immédiat**
j'ai déjeuné	je déjeune	je vais déjeuner
tu as déjeuné	tu déjeunes	tu vas déjeuner
il/elle/on a déjeuné	il/elle/on déjeune	il/elle/on va déjeuner
nous avons déjeuné	nous déjeunons	nous allons déjeuner
vous avez déjeuné	vous déjeunez	vous allez déjeuner
ils/elles ont déjeuné	ils/elles déjeunent	ils/elles vont déjeuner

DÎNER et **SOUPER** : même modèle que **DÉJEUNER**

Les verbes réguliers du 1er groupe (-er)
☞ Voir les Références grammaticales, pages 201, 207 et 213.

NOTEZ :

Déjeuner, **dîner** et **souper** sont des verbes et des noms.

déjeuner	→ verbe à l'infinitif	
le déjeuner	→ nom	Exemple : Je mange du pain au déjeuner.
dîner	→ verbe à l'infinitif	
le dîner	→ nom	Exemple : Je mange des légumes au dîner.
souper	→ verbe à l'infinitif	
le souper	→ nom	Exemple : Je mange de la viande au souper.

EXERCICE 10 ***Complétez l'histoire avec les mots qui sont dans la liste suivante.***

laitue – céréales – riz – verre de jus d'orange – salade – oignons – carottes – café – verre de jus de tomate – vinaigrette – tomates – gâteau – poulet – concombre – verre de vin

Ce matin, Anita a déjeuné à sept heures. Elle a mangé des ________ ________ et elle a bu un ________________. À midi, Anita a dîné. Elle a préparé une ________________. Elle a mis de la ________________, des ________________, des ________________, des ________________, du________________ et de la ________________. Elle a bu un ________ ________. À six heures, Anita a soupé. Elle a mangé du ________________ avec du ________________. Elle a bu un ________________. Pour dessert, elle a mangé du ________________ et elle a bu du ________________.

LE SPORT, C'EST LA SANTÉ !

ES-TU EN FORME ?

– **Oui**, je suis en forme.
  – **Qu'est-ce que tu fais pour être en forme ?**
    – Je fais **de l'**exercice.

– **Non**, je **ne** suis **pas** en forme.
  – **Pourquoi ?**
    – Parce que je **ne** fais **pas d'**exercice.

ÊTRE EN FORME

ÊTRE + EN FORME

FAIRE DE L'EXERCICE

FAIRE + DE L'EXERCICE

Passé ← Présent → Futur

Passé composé	**Présent**	**Futur immédiat**
j'ai fait	je fais	je vais faire
tu as fait	tu fais	tu vas faire
il/elle/on a fait	il/elle/on fait	il/elle/on va faire
nous avons fait	nous faisons	nous allons faire
vous avez fait	vous faites	vous allez faire
ils/elles ont fait	ils/elles font	ils/elles vont faire

JOUES-TU AU HOCKEY?

– **Oui**, je joue au hockey.

– **Non**, je **ne** joue **pas** au hockey.

JOUER...

- au football
- au hockey
- au tennis
- au baseball
- au golf

Passé ← Présent → Futur

Passé composé	**Présent**	**Futur immédiat**
j'ai joué	je joue	je vais jouer
tu as joué	tu joues	tu vas jouer
il/elle/on a joué	il/elle/on joue	il/elle/on va jouer
nous avons joué	nous jouons	nous allons jouer
vous avez joué	vous jouez	vous allez jouer
ils/elles ont joué	ils/elles jouent	ils/elles vont jouer

NOTEZ :

Je fais **de l'**exercice.	**mais**	Je **ne** fais **pas d'**exercice.
Je fais **du** sport.	**mais**	Je **ne** fais **pas de** sport.

Dans la négation, **du**, **de la**, **de l'** sont remplacés par **de** ou **d'**.

Les articles partitifs et la forme négative

☞ Voir les Références grammaticales, page 184.

FAIS-TU DU SPORT?

– **Oui**, je fais du sport.

– **Non**, je **ne** fais **pas de** sport.

EXERCICE 11 ***Identifiez les sports d'après la liste qui suit et conjuguez les verbes*** **faire** ***ou*** **jouer** ***au présent.***

faire du ski de randonnée – faire de la bicyclette – jouer au hockey – faire du jogging – faire de la planche à voile – jouer au golf – jouer au football – faire du ski alpin – jouer au baseball – jouer au tennis

véliplanchiste →

1. Il Fait de la planche à voile

2. Il ____________

3. Il Fait du ski apin

4. Il Fait du ski de randonnée

5. Il 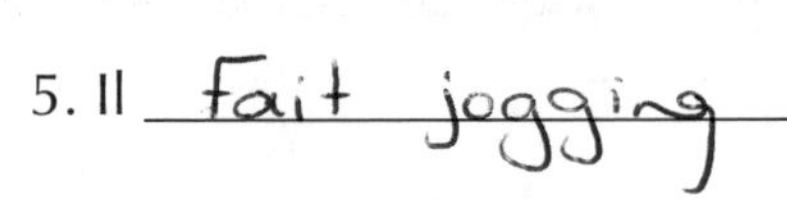

6. Il ______________________

7. Il ______________________

8. Il ______________________

9. Il ______________________

10. Il ______________________

EXERCICE 12 *Conjuguez les verbes suivants.*

Présent

1. (être en forme) Je ____________________
2. (faire de l'exercice) Nous ____________________
3. (faire du sport) Vous ____________________
4. (jouer au tennis) Il ____________________
5. (être en forme) Elle ____________________
6. (jouer au hockey) Nous ____________________
7. (faire du sport) Ils ____________________
8. (jouer au golf) Tu ____________________

Passé composé

9. (jouer au football) J' ____________________
10. (faire de la bicyclette) Il ____________________
11. (jouer au golf) Nous ____________________
12. (faire du ski alpin) Vous ____________________

Futur immédiat

13. (faire du sport) Ils ____________________
14. (jouer au golf) Tu ____________________
15. (faire du ski de randonnée) Je ____________________
16. (jouer au tennis) Vous ____________________

EXERCICE 13 *Écrivez à la forme négative.*

Exemple : Je suis en forme.
Je **ne** suis **pas** en forme.

1. Je joue au golf.

___

2. Elle est en forme.

___

3. Il fait du sport.

___

4. Vous êtes en forme.

___

5. Nous avons joué au football.

___

6. Tu as fait du ski alpin.

___

7. Elles ont joué au tennis.

___

8. Il va jouer au tennis.

___

9. Elles vont faire de la planche à voile.

___

10. Tu vas faire de l'exercice.

___

La forme négative
☞ Voir les Références grammaticales, pages 184 et 219 à 232.

EXERCICE 14 *Lisez attentivement.*

Le travail et la santé

Jean-Claude travaille de neuf heures à cinq heures, cinq jours par semaine. Jean-Claude est en bonne santé. Il mange bien et il fait de l'exercice. Jean-Claude est végétarien. Il ne mange pas de viande. Il mange des légumes, du poisson, des fruits, du pain, des céréales et des produits laitiers. Il ne boit pas d'alcool. Jean-Claude fait de l'exercice régulièrement : il fait du jogging, il joue au tennis et il joue au hockey. Jean-Claude est en forme et il est très actif. Jean-Claude dit : « Je travaille pour vivre ! »

Sylvain travaille de neuf heures à cinq heures, cinq jours par semaine. Sylvain n'est pas en bonne santé. Il ne mange pas bien et il ne fait pas d'exercice. Sylvain ne déjeune pas, il mange un sandwich au dîner et, au souper, il mange des repas surgelés. Il boit beaucoup de café. Sylvain dit : « Je n'ai pas le temps de faire de l'exercice. Le jour, je travaille et le soir, je suis très fatigué. » Sylvain n'est pas en forme et il n'est pas actif. Sylvain dit : « Je vis pour travailler ! »

Répondez aux questions sur le texte.

1. Jean-Claude ne mange pas de viande parce qu'il est ____________________

2. Nommez trois aliments que Jean-Claude mange.

   ____

   ____

   ____

3. Jean-Claude fait de l'exercice. Nommez les trois sports qu'il fait.

   ____

4. Jean-Claude vit-il pour travailler ou travaille-t-il pour vivre ?

   ____

5. Combien d'heures par jour travaille Sylvain ?

   ____

6. Sylvain est-il en bonne santé ?

   ____

7. Qu'est-ce qu'il mange au dîner ?

   ____

8. Qu'est-ce qu'il mange au souper?

____

9. Sylvain fait-il de l'exercice?

____

10. Sylvain vit-il pour travailler ou travaille-t-il pour vivre?

____

THÈME **2**

Les qualités et les défauts

AS-TU BON CARACTÈRE ?

– **Oui**, j'ai bon caractère.

– **Non**, je **n'**ai **pas** bon caractère. J'ai mauvais caractère !

AVOIR BON / MAUVAIS CARACTÈRE

AVOIR + BON CARACTÈRE
+ MAUVAIS CARACTÈRE

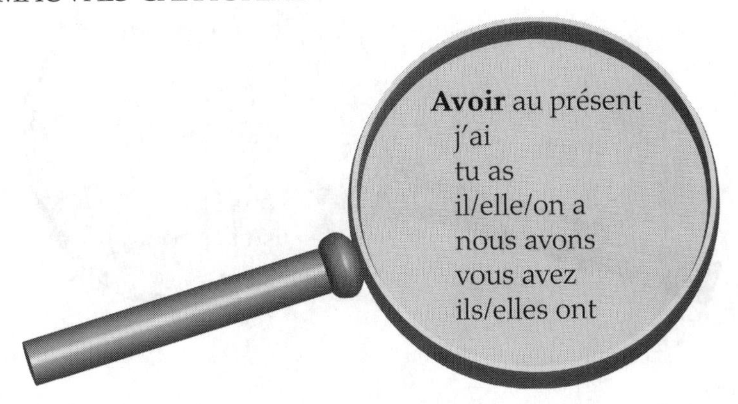

QUELLES SONT TES QUALITÉS ?

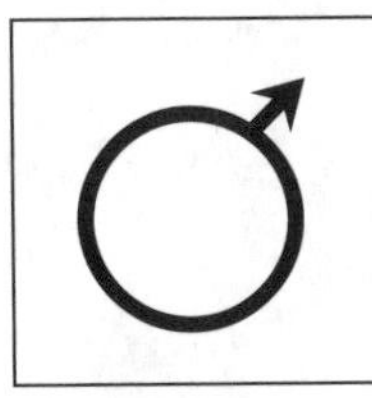

	Masculin	**Féminin**
– Je suis...	poli	polie
	intelligent	intelligente
	honnête	honnête
	gentil	gentille
	ponctuel	ponctuelle
	généreux	généreuse

QUELS SONT TES DÉFAUTS ?

	Masculin	Féminin	
– Je suis...	têtu	têtue	stubborn
	distrait	distraite	absent-minded
	agressif	agressive	bully
	nerveux	nerveuse	nervous
	paresseux	paresseuse	laziness

ÊTRE + un adjectif qualificatif

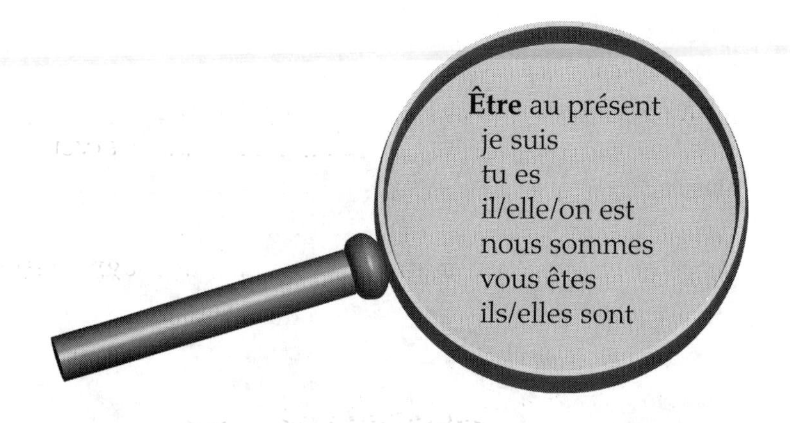

L'accord de l'adjectif qualificatif

☞ Voir les Références grammaticales, pages 185 à 188, 199 et 200.

LISTE DE QUALITÉS ET DE DÉFAUTS

Qualités	**Défauts**
gentil(ille)	méchant(e)
intelligent(e)	stupide
honnête	malhonnête
poli(e)	impoli(e)
ponctuel(elle)	retardataire
généreux(euse)	égoïste
calme	nerveux(euse)
attentif(ive)	distrait(e)
obéissant(e)	têtu(e)
doux(douce)	agressif(ive)
travailleur(euse)	paresseux(euse)

EXERCICE 1 ***Accordez l'adjectif qualificatif avec le sujet.***

1. (têtu) Marie est têtue
2. (poli) Pierre est poli
3. (aimable) Jeanne est aimable
4. (agressif) Louise et Paul sont agressif
5. (nerveux) Lucie et Pauline sont nerveuse
6. (attentif) Viviane est attentive
7. (calme) Alain et Marc sont calme
8. (obéissant) Luc et Maria sont obéissant
9. (ponctuel) Ronald est ponctuel
10. (honnête) Jacques et Lucien sont honnête

LA QUESTION AVEC INVERSION DU SUJET

OBSERVEZ :

Il est gentil. (affirmation)
sujet / **verbe**

Est-il gentil ? (interrogation)
verbe / **sujet**

La question avec inversion du sujet
☞ Voir les Références grammaticales, pages 249 à 254.

EXERCICE 2 *Formulez des questions.*

Exemple : Elle est douce.
Est-elle douce ?

1. Il est agressif.
   Est-il agressif ?
2. Tu es nerveux.
   Es-tu nerveux ?
3. Vous êtes paresseux.
   Êtes-vous paresseux ?
4. Elle est têtue.
   Est-elle têtue ?
5. Ils sont calmes.
   Sont-ils calmes ?
6. Elles sont généreuses.
   Sont-elles généreuses ?
7. Il est distrait.
   Est-il distrait ?
8. Vous êtes attentifs.
   Êtes-vous attentifs ?

9. Elle est malhonnête.
   Est-elle malhonnête ?

10. Il est poli.
   Est-il poli ?

EXERCICE 3 *Faites des phrases à la forme négative.*

Exemple : Il est gentil.
Il n'est pas gentil.

1. Tu es aimable.
   Tu n'es pas aimable
2. Je suis calme.
   Je ne suis pas calme
3. Nous sommes attentifs.
   Nous ne sommes pas attentifs
4. Vous êtes polis.
   Vous n'êtes pas polis
5. Tu es obéissant.
   Tu n'es pas obéissant
6. Elles sont nerveuses.
   Elles ne sont pas nerveuses.
7. Ils sont polis.
   Ils ne sont pas polis
8. Je suis têtu.
   Je ne suis pas têtu
9. Elle est ponctuelle.
   Elle n'est pas ponctuelle.
10. Il est généreux.
   Il n'est pas généreux

EXERCICE 4 ***Répondez aux questions comme dans l'exemple.***

Exemple : Est-elle honnête ?
Non, elle n'est pas honnête. Elle est malhonnête.

1. Est-elle généreuse ?
Non, elle n'est pas généreuse. Elle est égoïste
2. Est-il doux ?
Non, il n'est pas doux. Il est agressif.
3. Es-tu distrait ?
Non, je ne suis pas distraite. Je suis attentive.
4. Sont-ils travailleurs ?
Non, ils ne sont pas travailleurs. Ils sont paresseux.
5. Est-elle stupide ?
Non, elle n'est pas stupide. Elle est intelligente
6. Êtes-vous obéissants ?
Non, nous ne sommes pas obéissants. Nous sommes têtu
7. Est-elle nerveuse ?
Non, elle n'est pas nerveuse. Elle est calme.
8. Es-tu retardataire ?
Non, je ne suis pas retardataire. Je suis ponctuelle.
9. Est-il poli ?
Non, il n'est pas poli. Il est impoli.
10. Sont-elles méchantes ?
Non, elles ne sont pas méchantes. Elles sont gentille.

EXERCICE 5 ***Dans la liste suivante, choisissez l'adjectif qualificatif qui correspond à la définition. Accordez l'adjectif au féminin quand le sujet est féminin.***

généreux – poli – paresseux – têtu – honnête – travailleur – distrait – ponctuel

1. Claude n'aime pas travailler. Quand il est à la maison, il ne fait pas de ménage. Il regarde la télévision, il lit des bandes dessinées ou il dort. Claude est ______________
2. Marie oublie souvent son sac à main à la maison ou au restaurant. Marie est secrétaire. Quand elle répond au téléphone, elle oublie souvent de noter le numéro de téléphone ou le nom du client. Marie est ______________
3. Alain est au restaurant. Il voit une dame qui sort du restaurant. La dame a oublié son portefeuille sur la table du restaurant. Alain prend le portefeuille et va rapidement rendre le portefeuille à la dame. Alain est ______________
4. Quand Jocelyne a un rendez-vous, elle arrive toujours à l'heure prévue. Jocelyne est ______________
5. Marc-Antoine connaît un couple qui a quatre enfants. Le couple n'est pas très riche. Le père et la mère travaillent, mais ils n'ont pas de gros salaires. Chaque mois, Marc-Antoine achète des vêtements, des jouets ou des livres pour les enfants. Marc-Antoine est ______________
6. Sylvain pense toujours que son idée est la meilleure idée. Sylvain ne veut pas écouter les autres personnes. Sylvain est ______________
7. Louise respecte beaucoup les gens. Quand elle demande quelque chose, elle dit toujours « s'il vous plaît ». Louise est ______________
8. Vincent étudie à l'université. Le soir et les fins de semaine, il travaille. Vincent est ______________

ÊTRE À L'IMPÉRATIF PRÉSENT

2e personne du singulier : sois
1re personne du pluriel : soyons
2e personne du pluriel : soyez

Affirmation	**Négation**
sois	ne sois pas
soyons	ne soyons pas
soyez	ne soyez pas

Jacques dit à son petit garçon de huit ans :

Marie cherche un emploi. Elle a une entrevue dans deux heures. Jeanne, une amie, dit à Marie :

Luc et Annie vont aller au cinéma. Ils ont deux enfants. Quand la gardienne arrive, Luc et Annie disent à leurs enfants :

Le patron dit à sa secrétaire :

EXERCICE 6 ***Formez des phrases à l'impératif comme dans l'exemple.***

Exemple :

poli

impoli

1. gentil (don't pronounce)

méchant

2. généreux

égoïste

3. calme

nerveux

4. sages (good)

tannants (pain in the neck) → annoying

5. attentifs

distraits

6. honnêtes

malhonnêtes

SOYEZ POLIS !

Dans toutes les cultures, la politesse est une qualité très appréciée. Étudiez les points suivants si vous désirez être polis quand vous parlez français.

TU *OU* VOUS

- Quand vous parlez à une personne de votre famille, à un(e) ami(e), à un(e) collègue de travail, à un enfant, vous pouvez utiliser **tu**.
- Quand vous parlez à un(e) supérieur(e), à un(e) étranger(ère), vous devez utiliser **vous**.
- Quand vous ne savez pas si vous devez dire **tu** ou **vous**, utilisez **vous**.

MADAME, MADEMOISELLE *ET* MONSIEUR

- Madame : vous utilisez **madame** pour une femme.
  Mme est l'abréviation de **madame**.
- Mademoiselle : vous utilisez **mademoiselle** pour une jeune fille.
  Mlle est l'abréviation de **mademoiselle**.
- Monsieur : vous utilisez **monsieur** pour un homme.
  M. est l'abréviation de **monsieur**.

QUAND VOUS RENCONTREZ UN SUPÉRIEUR OU UN CLIENT,
VOUS POUVEZ DIRE :

Bonjour, Monsieur X / Madame X ! Comment allez-vous ?

Si l'autre personne demande : « Comment allez-vous ? », vous pouvez dire :

Très bien merci.

ou

Je vais (très) bien merci.

Exemple d'une conversation :

– Bonjour, Monsieur Lalonde ! Comment allez-vous ?
– Très bien merci. Et vous ?
– Je vais très bien merci.

QUAND VOUS RENCONTREZ UN AMI OU UNE PERSONNE QUE VOUS CONNAISSEZ TRÈS BIEN, VOUS POUVEZ DIRE :

Bonjour !... Comment vas-tu ?
ou
Comment ça va ?

Si l'autre personne demande : « Comment vas-tu ? », vous pouvez dire :
Je vais (très) bien.
ou
Ça va !
ou
Ça va mal !

Exemple d'une conversation :
– Bonjour Marc ! Comment vas-tu ?
– Je vais bien. Et toi ?
– Ça va !

POUR VOUS PRÉSENTER, VOUS POUVEZ DIRE :

Bonjour, je suis...
ou
Bonjour, mon nom est...
ou
Bonjour, je m'appelle...

POUR PRÉSENTER UNE AUTRE PERSONNE, VOUS POUVEZ DIRE :

Monsieur X / Madame X, je vous présente... (nom de la personne)

Si quelqu'un vous présente une autre personne, vous pouvez dire :
Je suis enchanté(e).
ou
Enchanté(e).

Exemple d'une conversation :
(M. RODRIGUE) – Bonjour, Monsieur Tremblay.
(M. TREMBLAY) – Bonjour Monsieur Rodrigue.
(M. RODRIGUE) – Monsieur Tremblay, je vous présente ma conjointe, Mme Lemire.
(M. TREMBLAY à MME LEMIRE) – Enchanté !
(MME LEMIRE) – Enchantée !

QUAND VOUS PARTEZ, VOUS POUVEZ DIRE :

- Bonjour !
- Bonsoir !
- Bonne nuit !
- Au revoir !
- À bientôt !

POUR REMERCIER UNE PERSONNE, VOUS POUVEZ DIRE :

Merci.

ou

Merci beaucoup.

ou

Je te/vous remercie (beaucoup).

Quand une personne vous remercie, vous pouvez dire :

De rien.

ou

Ça m'a fait plaisir.

POUR VOUS EXCUSER, VOUS POUVEZ DIRE :

- Excusez-moi.
- Pardon.
- Je suis désolé(e).

EXERCICE 7 *Complétez les dialogues.*

Exemple : – Comment vas-tu ?
– Je vais très bien merci.

1. – Bonjour, comment allez-vous ?
– Très bien merci

2. – Quel est votre nom ?
– Mon nom est Ann

3. – Je vous présente Mme X.
– Enchantée

4. – Comme vas-tu ?
– Je vais très bien. Et toi ?

5. – Je vous pésente M. Blair
– Je suis enchanté.

6. – Comment vas-tu ?
– Je vais très bien merci. Et vous ?

7. – Comment va-t-il ?
– Il va bien.

8. – Je vous présente M. Andy
– Je suis enchanté.

9. – Merci beaucoup.
– De rien

10. – Comment vas-tu ?
– ~~Trés bien~~ Ca va mal
– Qu'est-ce qui ne va pas ?

11. – Vous avez marché sur mon pied !
– Excusez-moi. / Je suis désolé

12. – Merci beaucoup
– De rien.

EXERCICE 8 *Lisez attentivement.*

L'entrevue de Marie

Marie cherche un emploi. Elle a vu une offre d'emploi dans le journal. Elle a envoyé son curriculum vitæ à la compagnie Gendron. Trois jours plus tard, la secrétaire de la compagnie Gendron a appelé Marie. Elle a demandé à Marie de venir à la compagnie pour rencontrer le directeur, M. Lemieux.

Marie arrive à la compagnie Gendron. Elle est très nerveuse. La secrétaire dit à Marie : « Bonjour, Marie. M. Lemieux va arriver dans cinq minutes. Asseyez-vous ! »

Cinq minutes plus tard, M. Lemieux arrive. M. Lemieux est grand, il a les cheveux noirs et il est très sérieux. Il dit à Marie : « Bonjour, Madame, comment allez-vous ? »

(MARIE) – Je vais bien merci. Et vous ?
(M. LEMIEUX) – Je vais très bien. Madame, je veux vous poser une question.
(MARIE) – Certainement, M. Lemieux.
(M. LEMIEUX) – Je veux savoir vos trois plus grandes qualités et vos trois plus grands défauts.
(MARIE) – Euh... Je suis honnête, je suis travailleuse et je suis intelligente.
(M. LEMIEUX) – Et vos défauts ?
(MARIE) – Je suis un peu nerveuse.
(M. LEMIEUX) – Vous n'avez pas d'autres défauts ?
(MARIE) – Je ne pense pas !
(M. LEMIEUX) – Dites-moi, Madame, êtes-vous ponctuelle ?
(MARIE) – Oui, je suis très ponctuelle.
(M. LEMIEUX) – C'est bien, Madame, l'entrevue est terminée.
(MARIE) – C'est tout ?
(M. LEMIEUX) – Oui, c'est tout ! Je n'aime pas les longues entrevues. Soyez au bureau lundi prochain à neuf heures.
(MARIE) – Quoi ? J'ai le poste ?
(M. LEMIEUX) – Oui. Ma secrétaire va vous dire quoi faire. Au revoir !
(MARIE) – Au revoir, M. Lemieux. À lundi !

Répondez aux questions sur le texte.

1. Où Marie a-t-elle vu l'offre d'emploi ? ______________________

2. Où Marie a-t-elle envoyé son curriculum vitæ ? ______________________

3. Qui est M. Lemieux ? M. Lemieux est ~~de~~ ~~le~~ directeur de la compagnie Gendra

4. Comment est M. Lemieux ? (trois caractéristiques)

M. Lemieux est grand, cheveux noir + très sérieux.

5. Quelles sont les qualités de Marie ?

~~Marie~~ ~~est~~ Ses qualités sont: l'honnêteté, travailleuse + l'intellegence et la ponctualité

6. Quel est son défaut ?

Elle est un peu nerveuse

7. Marie est-elle retardataire ?

Non, Elle est ponctuelle.

8. Quand Marie doit-elle être au bureau ?

Elle doit être au bureau le lundi suivant ~~souvent~~ à 9h.

9. Qui va dire à Marie quoi faire ?

La secretaire de M. Lemieux

10. Dans l'histoire, quelle phrase prouve que Marie est surprise d'avoir l'emploi ?

"Quoi? J'ai le poste?"

Le phrase prouve que Marie est surprise d'avoir l'emploi,

THÈME 3

La météo

LES PHÉNOMÈNES MÉTÉOROLOGIQUES

le soleil

la pluie

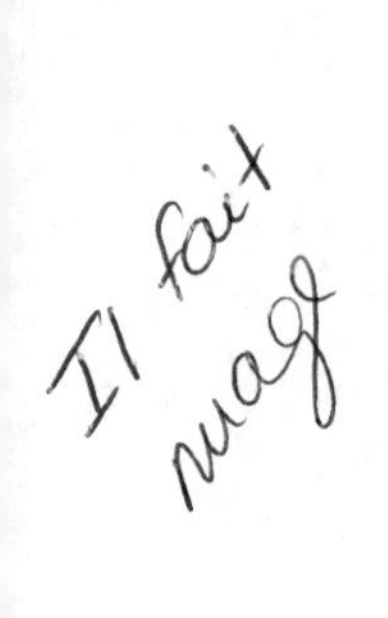

un nuage

la neige

un orage : le tonnerre et un éclair

une tornade

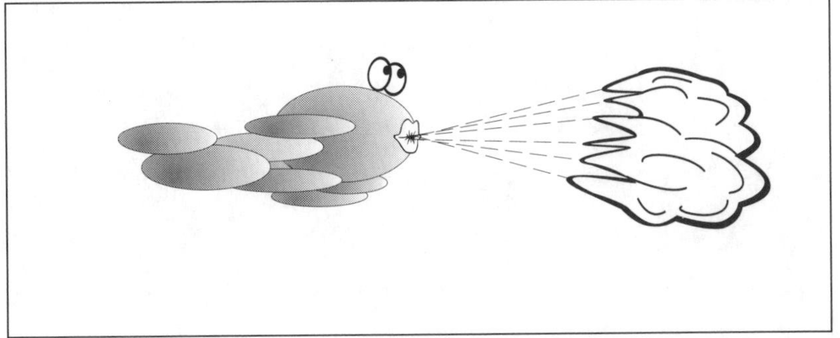

le vent

LES QUATRE SAISONS

masc.

le printemps

l'été

l'automne

l'hiver

LES DOUZE MOIS DE L'ANNÉE

janvier – février – mars – avril – mai – juin – juillet – août – septembre – octobre – novembre – décembre

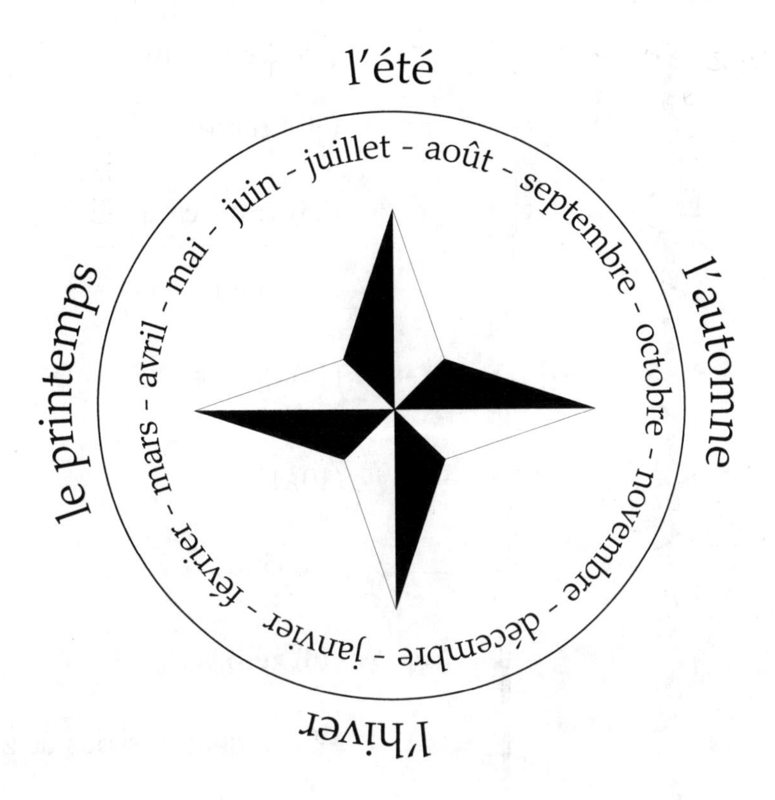

EXERCICE 1 ***Complétez les phrases.***

1. Le printemps commence au mois de ______________ et finit au mois de ______________
2. L'été commence au mois de ______________ et finit au mois de ______________
3. L'automne commence au mois de ______________ et finit au mois de ______________
4. L'hiver commence au mois de ______________ et finit au mois de ______________

QUELLE TEMPÉRATURE FAIT-IL ? COMBIEN FAIT-IL ?

↓ ↓

– Il fait... **– Il fait...** (en degrés Celsius)

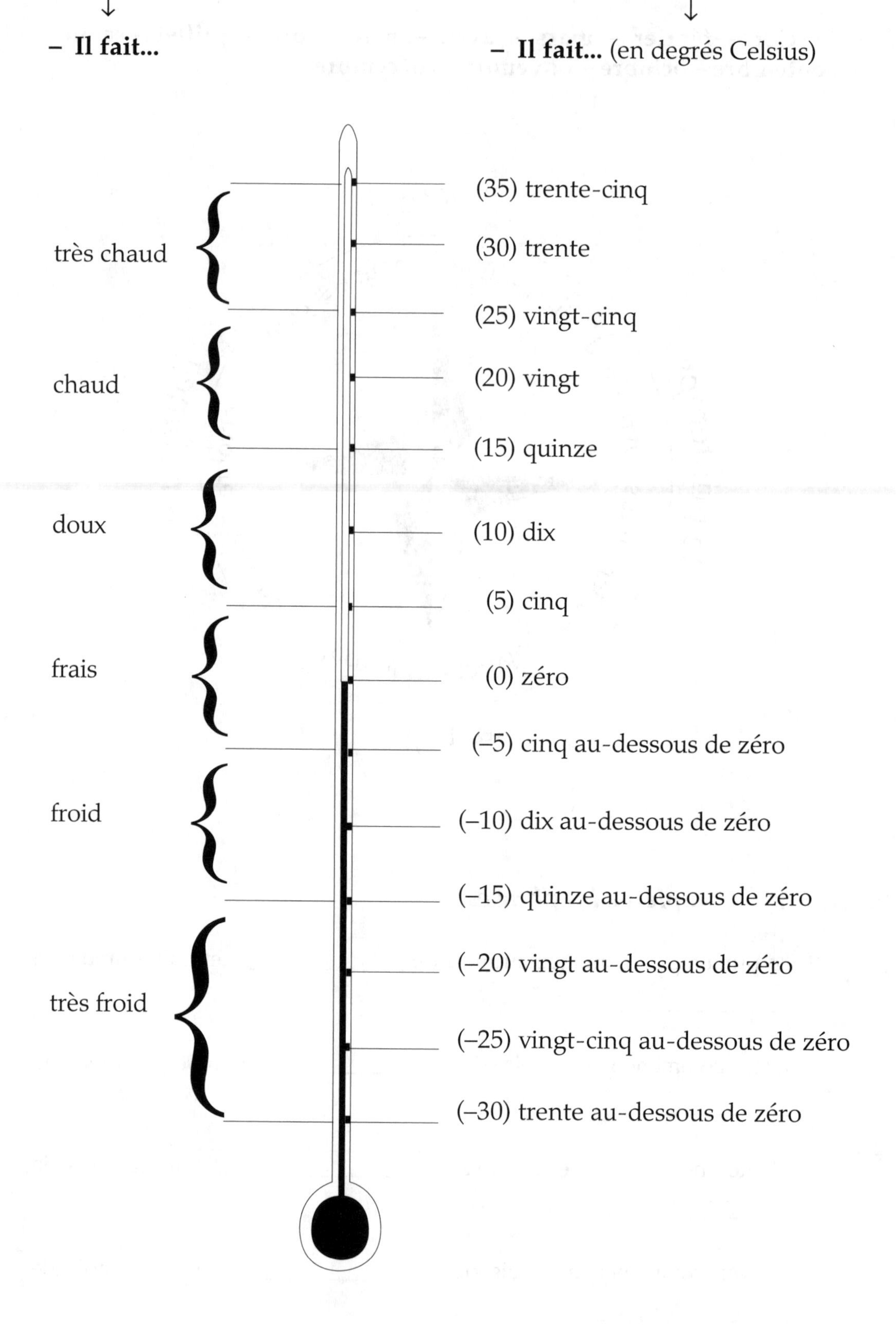

LES NOMBRES DE ZÉRO À QUARANTE

(0) zéro			
(1) un	(11) onze	(21) vingt et un	(31) trente et un
(2) deux	(12) douze	(22) vingt-deux	(32) trente-deux
(3) trois	(13) treize	(23) vingt-trois	(33) trente-trois
(4) quatre	(14) quatorze	(24) vingt-quatre	(34) trente-quatre
(5) cinq	(15) quinze	(25) vingt-cinq	(35) trente-cinq
(6) six	(16) seize	(26) vingt-six	(36) trente-six
(7) sept	(17) dix-sept	(27) vingt-sept	(37) trente-sept
(8) huit	(18) dix-huit	(28) vingt-huit	(38) trente-huit
(9) neuf	(19) dix-neuf	(29) vingt-neuf	(39) trente-neuf
(10) dix	(20) vingt	(30) trente	(40) quarante

EXERCICE 2 ***Répondez aux questions comme dans l'exemple.***

Exemple : Combien fait-il ?
(8) Il fait huit degrés.

Combien fait-il ?

1. (0) ____________________
2. (6) ____________________
3. (9) ____________________
4. (11) ____________________
5. (16) ____________________
6. (17) ____________________
7. (21) ____________________
8. (28) ____________________
9. (30) ____________________
10. (31) ____________________
11. (35) ____________________
12. (40) ____________________

LE TEMPS

FAIRE BEAU – PLEUVOIR – NEIGER – VENTER

Passé ← Présent → Futur

Passé composé	**Présent**	**Futur immédiat**
Hier, il **a fait** beau.	Aujourd'hui, il **fait** beau.	Demain, il **va faire** beau.
Hier, il **a plu**.	Aujourd'hui, il **pleut**.	Demain, il **va pleuvoir**.
Hier, il **a neigé**.	Aujourd'hui, il **neige**.	Demain, il **va neiger**.
Hier, il **a venté**.	Aujourd'hui, il **vente**.	Demain, il **va venter**.

LA QUESTION

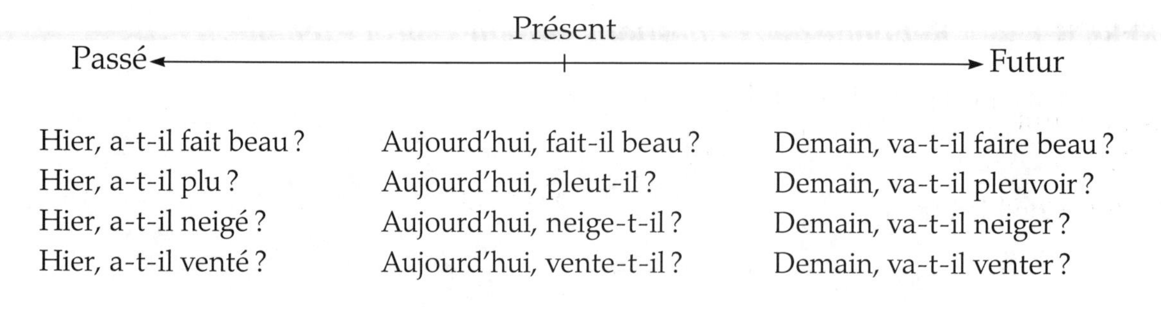

Passé ← Présent → Futur

Hier, a-t-il fait beau ?	Aujourd'hui, fait-il beau ?	Demain, va-t-il faire beau ?
Hier, a-t-il plu ?	Aujourd'hui, pleut-il ?	Demain, va-t-il pleuvoir ?
Hier, a-t-il neigé ?	Aujourd'hui, neige-t-il ?	Demain, va-t-il neiger ?
Hier, a-t-il venté ?	Aujourd'hui, vente-t-il ?	Demain, va-t-il venter ?

LA NÉGATION : NE... PAS

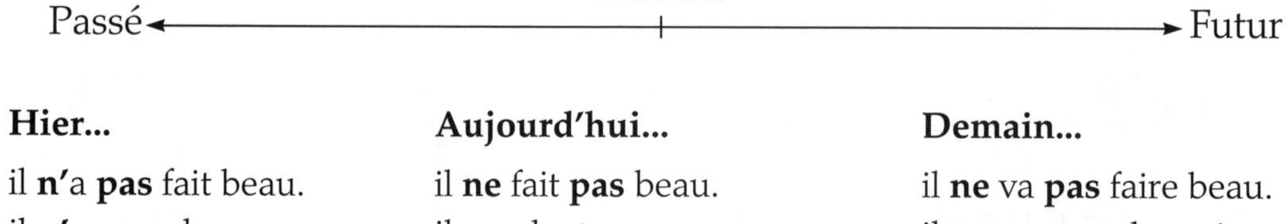

Passé ← Présent → Futur

Hier...	**Aujourd'hui...**	**Demain...**
il **n'**a **pas** fait beau.	il **ne** fait **pas** beau.	il **ne** va **pas** faire beau.
il **n'**a **pas** plu.	il **ne** pleut **pas**.	il **ne** va **pas** pleuvoir.
il **n'**a **pas** **nei**gé.	il **ne** neige **pas**.	il **ne** va **pas** neiger.
il **n'**a **pas** venté.	il **ne** vente **pas**.	il **ne** va **pas** venter.

AVOIR CHAUD ET AVOIR FROID

Passé ← Présent → Futur

Passé composé	**Présent**	**Futur immédiat**
j'ai eu...	j'ai...	je vais avoir...
tu as eu...	tu as...	tu vas avoir...
il/elle/on a eu... chaud/froid	il/elle/on a... chaud/froid	il/elle/on va avoir... chaud/froid
nous avons eu...	nous avons...	nous allons avoir...
vous avez eu...	vous avez...	vous allez avoir...
ils/elles ont eu...	ils/elles ont...	ils/elles vont avoir...

LA QUESTION ET LA RÉPONSE

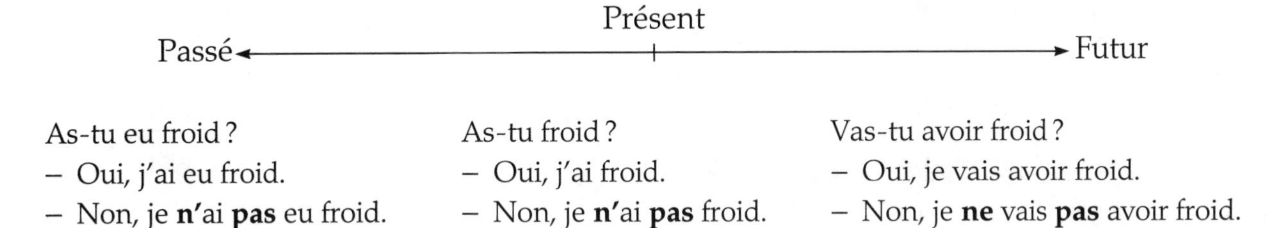

As-tu eu froid ?	As-tu froid ?	Vas-tu avoir froid ?
– Oui, j'ai eu froid.	– Oui, j'ai froid.	– Oui, je vais avoir froid.
– Non, je **n'**ai **pas** eu froid.	– Non, je **n'**ai **pas** froid.	– Non, je **ne** vais **pas** avoir froid.

Le verbe *avoir*

☞ Voir les Références grammaticales, pages 198, 199 et 206.

EXERCICE 3 *Placez l'article défini* le, la *ou* l' *devant les mots suivants.*

1. _____ pluie
2. _____ vent
3. _____ tornade
4. _____ tonnerre
5. _____ soleil
6. _____ été
7. _____ automne
8. _____ neige
9. _____ nuage
10. _____ éclair
11. _____ saison
12. _____ orage
13. _____ hiver
14. _____ printemps

EXERCICE 4 *Complétez les phrases en choisissant un mot dans la liste ci-dessous.*

hiver – nuages – pleuvoir (au présent) – beau – neiger (au présent) – mauvais – tonnerre – venter (au présent) – éclairs

1. Quand il y a du soleil, il fait _________
2. Quand il y a de gros nuages gris, il fait _________
3. Quand il y a une tornade, il _________
4. Pendant un orage, il y a du _________ et des _________
5. La saison la plus froide est l'_________
6. J'ai ouvert mon parapluie parce qu'il _________
7. L'hiver, il _________
8. Les _________ cachent le soleil.

EXERCICE 5 ***Complétez avec les mots qui se trouvent dans la liste ci-dessous.***

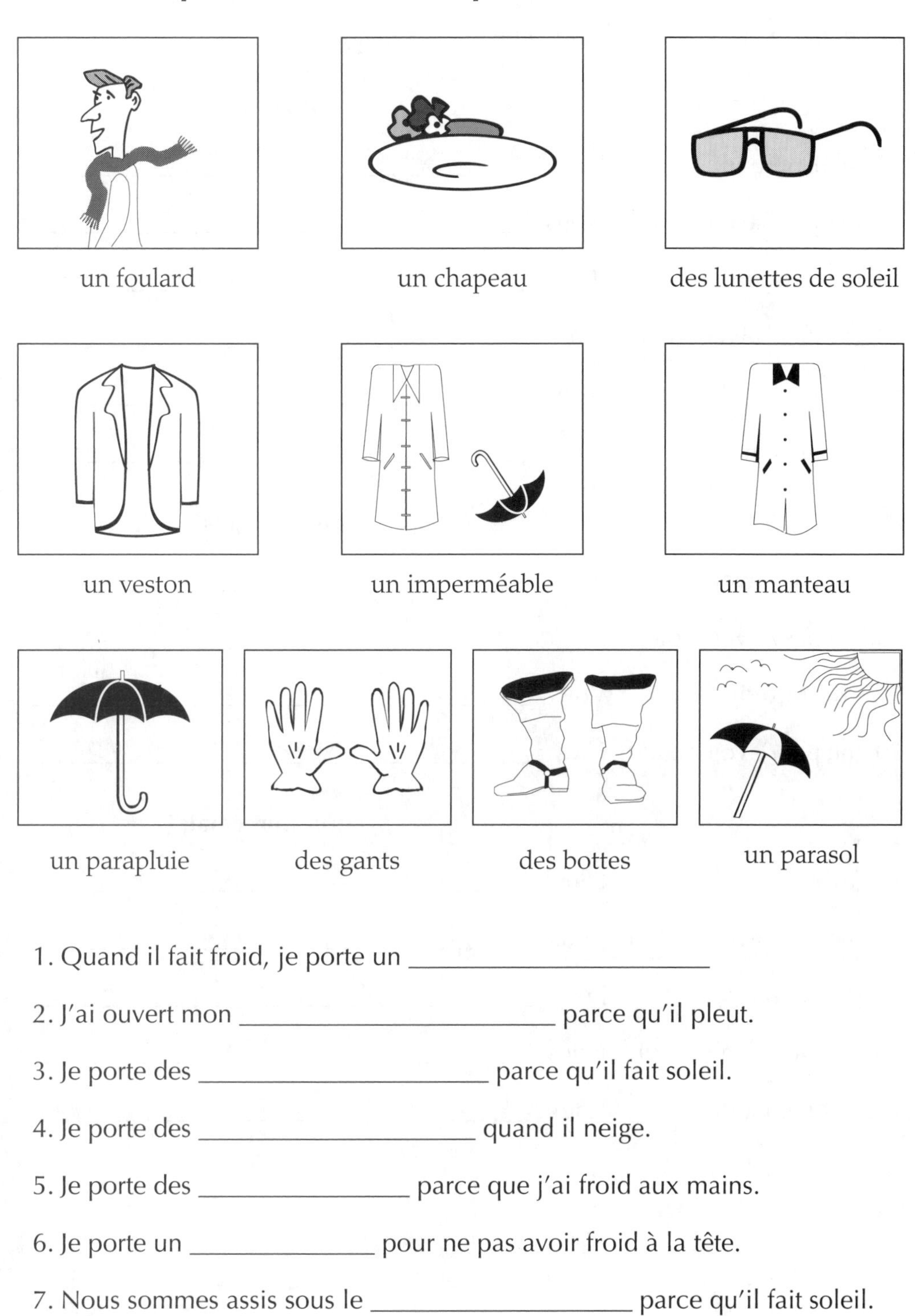

1. Quand il fait froid, je porte un ____________________
2. J'ai ouvert mon ______________________ parce qu'il pleut.
3. Je porte des ____________________ parce qu'il fait soleil.
4. Je porte des ____________________ quand il neige.
5. Je porte des ______________ parce que j'ai froid aux mains.
6. Je porte un ____________ pour ne pas avoir froid à la tête.
7. Nous sommes assis sous le __________________ parce qu'il fait soleil.
8. Je porte un __________________ parce qu'il pleut.
9. Je porte un _______________ pour ne pas avoir froid au cou.
10. J'ai enlevé mon ____________ parce qu'il fait chaud.

EXERCICE 6 *Conjuguez* avoir chaud *et* avoir froid *comme dans l'exemple.*

Exemple : (ne pas / avoir chaud) Elle n'a pas chaud.

Présent

1. (avoir chaud) J' ____________________
2. (ne pas / avoir froid) Nous ____________________
3. (avoir froid) Ils ____________________
4. (ne pas / avoir chaud) On ____________________
5. (avoir chaud) Nous ____________________
6. (avoir chaud) Tu ____________________

Passé composé

7. (ne pas / avoir froid) Elle ____________________
8. (ne pas / avoir froid) Je ____________________
9. (avoir froid) Vous ____________________
10. (ne pas / avoir chaud) Elles ____________________

Futur immédiat

11. (avoir froid) Elles ____________________
12. (ne pas / avoir chaud) Vous ____________________
13. (avoir chaud) Je ____________________
14. (ne pas / avoir froid) Nous ____________________
15. (avoir chaud) Vous ____________________

EXERCICE 7 *Conjuguez les verbes.*

1. Présentement, il (pleuvoir / prés.) ______________________________
2. La semaine dernière, il (neiger / passé c.) ______________________________
3. Nous ne jouons pas au badminton parce qu'il (venter / prés.) __________
4. La nuit dernière, il (pleuvoir / passé c.) ______________________________
5. Demain, il (venter / fut. imm.)______________________________
6. Quand il (neiger / prés.) __________________, les enfants jouent dehors.
7. Je pense qu'il (pleuvoir / fut. imm.) ______________________________
8. Dimanche dernier, il (venter / passé c.) ____________________ très fort.

L'utilisation du présent, du passé composé et du futur immédiat

☞ Voir les Références grammaticales, page 197.

EXERCICE 8 *Répondez aux questions suivantes.*

1. Fait-il beau ?
   Oui, ______________________________

2. Quel temps fait-il ?
   ______________ froid.

3. Combien fait-il dehors ?
   ______________ douze degrés.

4. A-t-il neigé ce matin ?
   Non, ______________________________

5. A-t-il plu hier ?
   Oui, ______________________________

6. As-tu froid ?
   Non, ______________________________

7. As-tu eu chaud ?
   Oui, ______________________________

8. Va-t-il faire beau demain ?
   Oui, ______________________________

9. A-t-il venté la nuit dernière ?
   Non, ______________________________

10. Ont-elles eu froid ?
    Non, ______________________________

11. Va-t-il faire froid demain ?
    Oui, ______________________________

12. Va-t-il neiger demain ?
    Non, ______________________________

EXERCICE 9 *Trouvez les questions.*

1. ______________________________
Il fait beau.

2. ______________________________
Il fait dix-sept degrés.

3. ______________________________
Oui, il pleut.

4. ______________________________
Oui, nous avons eu froid.

5. ______________________________
Non, je n'ai pas eu chaud.

6. ______________________________
Oui, il a venté.

7. ______________________________
Non, il n'a pas neigé.

8. ______________________________
Oui, il va faire froid.

9. ______________________________
Non, il ne va pas pleuvoir.

10. ______________________________
Non, il ne va pas faire trente degrés au-dessous de zéro.

EXERCICE 10 *Lisez attentivement.*

Le soleil a déménagé !

Annie travaille avec Laurent. Annie a pris deux semaines de vacances. Elle est revenue au bureau ce matin. Laurent dit à Annie : « Bonjour, Annie ! As-tu eu de belles vacances ? »

(ANNIE) – Ah oui ! J'ai eu de très belles vacances. Je suis allée en voyage.

(LAURENT) – Où es-tu allée ?

(ANNIE) – Je suis allée en Italie.

(LAURENT) – Chanceuse ! A-t-il fait beau ?

(ANNIE) – Oui, il a fait très beau. Il a fait soleil tous les jours.

(LAURENT) – A-t-il fait très chaud ?

(ANNIE) – Non. Il a fait environ vingt-cinq degrés Celsius tous les jours. Le mois d'octobre est un beau mois pour visiter l'Italie. Il fait chaud, mais il ne fait pas très chaud. Et ici, quel temps a-t-il fait ?

(LAURENT) – Il n'a pas fait beau ! Il a plu et il a fait froid. Samedi passé, il y a eu un gros orage. Dimanche, il a venté très fort toute la journée.

(ANNIE) – Et aujourd'hui, il fait froid et c'est nuageux !

(LAURENT) – Annie, je pense que nous avons un problème !

(ANNIE) – Quel est le problème ?

(LAURENT) – Je pense que le soleil a déménagé en Italie !

Répondez aux questions sur le texte.

1. Où sont Laurent et Annie ?

____

2. Annie a pris des vacances. Où est-elle allée ?

____

3. A-t-il fait beau pendant son voyage ?

____

4. Quel temps a-t-il fait tous les jours ?

____

5. Combien de degrés Celsius a-t-il fait ?

____

6. Selon Laurent, quel temps a-t-il fait samedi passé ?

____

7. Selon Laurent, quel temps a-t-il fait dimanche passé ?

____

8. Laurent pense qu'il y a un problème. Quel est le problème ?

____

THÈME **4**

Les transports

QU'EST-CE QUE C'EST ?

C'est une automobile.

C'est un autobus.

C'est un métro.

C'est un taxi.

OÙ VAS-TU ?

– Je vais...
- **au** bureau
- **au** magasin
- **au** dépanneur
- **au** cinéma
- **au** théâtre
- **au** restaurant
- **au** marché
- **à la** banque
- **à la** pharmacie

Les articles contractés

☞ Voir les Références grammaticales, page 182.

– Je vais...
- **chez** le dentiste
- **chez** le médecin
- **chez** le coiffeur
- **chez** mon ami
- **chez** mes parents

NOTEZ :
On utilise **chez** devant des noms de personnes.

EXERCICE 1 *Répondez aux questions en utilisant* au, à la *ou* à l'.

Exemple : Où vas-tu ?
(dépanneur) Je vais au dépanneur.

1. Où va-t-il ?
   (bibliothèque) ______________________________
2. Où va-t-elle ?
   (hôpital) ______________________________
3. Où allez-vous ?
   (magasin) Nous ______________________________
4. Où vont-ils ?
   (parc) ______________________________
5. Où vont-elles ?
   (cinéma) ______________________________
6. Où vas-tu ?
   (banque) ______________________________
7. Où va-t-on ?
   (restaurant) ______________________________
8. Où vont-ils ?
   (école) ______________________________
9. Où allez-vous ?
   (bureau) Je ______________________________
10. Où allons-nous ?
    (centre commercial) ______________________________

EXERCICE 2 *Utilisez* au, à la, à l' *ou* chez.

1. Il est ________ maison.
2. Elle est ________ bureau.
3. Ils sont ________ école.
4. Tu vas ________ quincaillerie.
5. Je vais ________ marché.
6. Il va ________ médecin.
7. Vous allez ________ dentiste.
8. Elles sont ________ collège.
9. Vous êtes ________ université.
10. Il est ________ centre d'emploi.
11. Elle va ________ optométriste.
12. Nous allons ________ magasin.

COMMENT VAS-TU AU BUREAU ?

– Je vais au bureau...
- **en** automobile
- **en** autobus
- **en** métro

COMMENT VAS-TU AU THÉÂTRE ?

– Je vais au théâtre...
- **en** automobile
- **en** autobus
- **en** métro
- **en** taxi

COMMENT REVIENS-TU À LA MAISON ?

– Je reviens à la maison...
- **en** automobile
- **en** autobus
- **en** métro
- **en** taxi

La question avec *où* et *comment*

☞ Voir les Références grammaticales, pages 239 et 240.

ALLER

Passé ← Présent → Futur

Passé composé	**Présent**	**Futur immédiat**
je suis allé(e)	je vais	je vais aller
tu es allé(e)	tu vas	tu vas aller
il/on est allé	il/elle/	il/elle/
elle est allée	on va	on va aller
nous sommes allés(ées)	nous allons	nous allons aller
vous êtes allés(ées)	vous allez	vous allez aller
ils/elles sont allés(ées)	ils/elles vont	ils/elles vont aller

REVENIR

Passé ← Présent → Futur

Passé composé	**Présent**	**Futur immédiat**
je suis revenu(e)	je reviens	je vais revenir
tu es revenu(e)	tu reviens	tu vas revenir
il/on est revenu	il/elle/	il/elle/
elle est revenue	on revient	on va revenir
nous sommes revenus(ues)	nous revenons	nous allons revenir
vous êtes revenus(ues)	vous revenez	vous allez revenir
ils/elles sont revenus(ues)	ils/elles reviennent	ils/elles vont revenir

Les verbes qui se conjuguent avec l'auxiliaire *être* au passé composé

☞ Voir les Références grammaticales, pages 211 et 212.

EXERCICE 3 *Répondez aux questions.*

1. Comment vas-tu au restaurant ?
   (automobile) ____________________

2. Comment va-t-elle au magasin ?
   (métro) ____________________

3. Comment va-t-il à la banque ?
   (automobile) ____________________

4. Comment allez-vous au cinéma ?
   (taxi) Nous____________________

5. Comment vont-ils au marché ?
   (autobus) ____________________

EXERCICE 4 *Trouvez les questions.*

1. ____________________
   Je vais à la banque en automobile.

2. ____________________
   Nous allons au théâtre en taxi.

3. ____________________
   Elles vont au magasin en métro.

4. ____________________
   Il va au bureau en autobus.

5. ____________________
   Elle va au dépanneur en automobile.

QU'EST-CE QUE C'EST ?

C'est une automobile.

EXERCICE 5 ***Mémorisez les douze parties de l'automobile.***

QU'EST-CE QUE C'EST ?

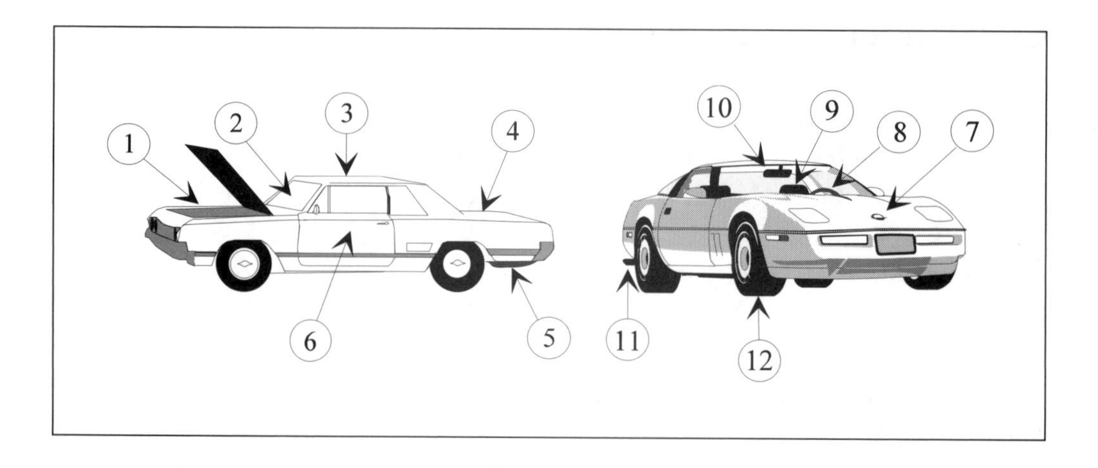

1. C'est un moteur.
2. C'est un pare-brise.
3. C'est un toit.
4. C'est un coffre à bagages.
5. C'est un réservoir d'essence.
6. C'est une portière.
7. C'est un capot.
8. C'est un volant.
9. C'est un siège.
10. C'est un rétroviseur.
11. C'est un silencieux.
12. C'est un pneu.

QU'EST-CE QU'IL FAIT ?

Il conduit.

Il avance.

Il recule.

Il freine.

CONDUIRE

Passé ← Présent → Futur

Passé composé	**Présent**	**Futur immédiat**
j'ai conduit	je conduis	je vais conduire
tu as conduit	tu conduis	tu vas conduire
il/elle/on a conduit	il/elle/on conduit	il/elle/on va conduire
nous avons conduit	nous conduisons	nous allons conduire
vous avez conduit	vous conduisez	vous allez conduire
ils/elles ont conduit	ils/elles conduisent	ils/elles vont conduire

AVANCER

Passé composé	**Présent**	**Futur immédiat**
j'ai avancé	j'avance	je vais avancer
tu as avancé	tu avances	tu vas avancer
il/elle/on a avancé	il/elle/on avance	il/elle/on va avancer
nous avons avancé	nous avançons	nous allons avancer
vous avez avancé	vous avancez	vous allez avancer
ils/elles ont avancé	ils/elles avancent	ils/elles vont avancer

RECULER

Passé composé	**Présent**	**Futur immédiat**
j'ai reculé	je recule	je vais reculer
tu as reculé	tu recules	tu vas reculer
il/elle/on a reculé	il/elle/on recule	il/elle/on va reculer
nous avons reculé	nous reculons	nous allons reculer
vous avez reculé	vous reculez	vous allez reculer
ils/elles ont reculé	ils/elles reculent	ils/elles vont reculer

FREINER : même modèle que **RECULER**

EXERCICE 6 *Complétez les phrases à l'aide des mots que vous avez mémorisés à l'exercice 5.*

1. Quand je conduis, je regarde dans mon ____________pour voir derrière.
2. Pour monter dans l'automobile, j'ouvre la ____________
3. Je mets de l'essence dans le ____________
4. Quand je conduis, je regarde à travers le ____________
5. Quand je conduis, mes mains sont sur le ____________
6. Quand je conduis, je suis assis sur un ____________
7. Quand je vais faire du ski, je mets mes skis sur le ____________
8. Quand je mets de l'huile dans l'automobile, j'ouvre le ____________
9. L'automobile fonctionne parce qu'elle a un ____________
10. Quand je voyage, je mets mes bagages dans le ____________
11. Une automobile roule sur quatre ____________
12. Une automobile est silencieuse quand elle a un ____________

QU'EST-CE QUE C'EST ?

C'est un autobus.

QU'EST-CE QU'ELLE FAIT ?

Elle attend l'autobus.

ATTENDRE

Passé ← Présent → Futur

Passé composé	**Présent**	**Futur immédiat**
j'ai attendu	j'attends	je vais attendre
tu as attendu	tu attends	tu vas attendre
il/elle/on a attendu	il/elle/on attend	il/elle/on va attendre
nous avons attendu	nous attendons	nous allons attendre
vous avez attendu	vous attendez	vous allez attendre
ils/elles ont attendu	ils/elles attendent	ils/elles vont attendre

QU'EST-CE QUE C'EST ?

C'est un métro.

QU'EST-CE QU'IL FAIT ?

Il attend le métro.

LA QUESTION

Pour aller au bureau...

- prends-tu ton automobile ?
- prends-tu l'autobus ?
- prends-tu le métro ?

LA RÉPONSE

Pour aller au bureau...

- je prends mon automobile.
- je prends l'autobus.
- je prends le métro.

PRENDRE

Présent

Passé ←——————————————+——————————————→ Futur

Passé composé	**Présent**	**Futur immédiat**
j'ai pris	je prends	je vais prendre
tu as pris	tu prends	tu vas prendre
il/elle/on a pris	il/elle/on prend	il/elle/on va prendre
nous avons pris	nous prenons	nous allons prendre
vous avez pris	vous prenez	vous allez prendre
ils/elles ont pris	ils/elles prennent	ils/elles vont prendre

Lisez attentivement.

Pierre et Jacques sont au bureau. Pierre demande à Jacques: « As-tu pris ton automobile ce matin ? »

(JACQUES) – Non, je n'ai pas pris mon automobile.
(PIERRE) – Pourquoi ?
(JACQUES) – Parce que mon automobile est en panne.
(PIERRE) – Comment es-tu venu au bureau ?
(JACQUES) – Je suis venu au bureau en autobus.
(PIERRE) – As-tu attendu l'autobus longtemps ?
(JACQUES) – Non, j'ai attendu cinq minutes.
(PIERRE) – Comment vas-tu retourner à la maison ?
(JACQUES) – Je vais retourner à la maison en autobus.

OBSERVEZ:

Aller au bureau	Présentement, je suis à la maison et je dis: « Je **vais** au bureau. »
Venir au bureau	Présentement, je suis au bureau et je dis: « Je **suis venu(e)** au bureau. »
Retourner à la maison	Présentement, je suis au bureau et je dis: « Je **vais retourner** à la maison. »
Revenir à la maison	Présentement, je suis à la maison et je dis: « Je **suis revenu(e)** à la maison. »

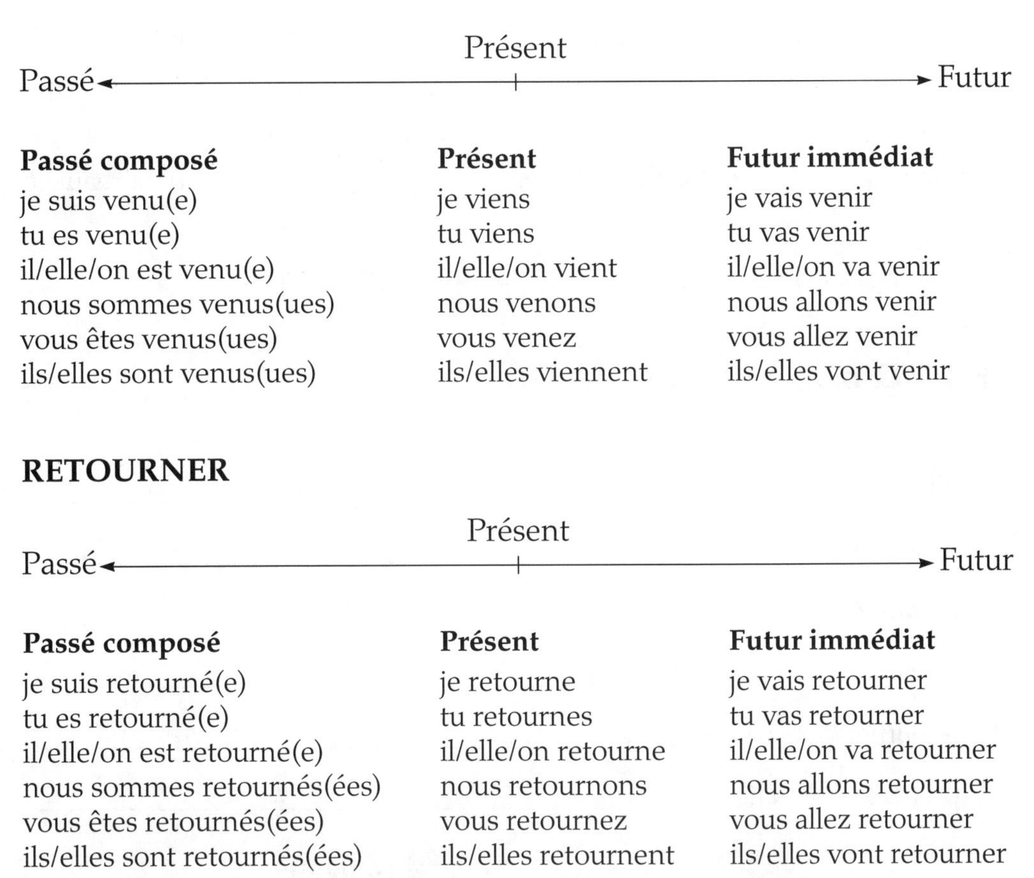

VENIR

Passé ← Présent → Futur

Passé composé	**Présent**	**Futur immédiat**
je suis venu(e)	je viens	je vais venir
tu es venu(e)	tu viens	tu vas venir
il/elle/on est venu(e)	il/elle/on vient	il/elle/on va venir
nous sommes venus(ues)	nous venons	nous allons venir
vous êtes venus(ues)	vous venez	vous allez venir
ils/elles sont venus(ues)	ils/elles viennent	ils/elles vont venir

RETOURNER

Passé ← Présent → Futur

Passé composé	**Présent**	**Futur immédiat**
je suis retourné(e)	je retourne	je vais retourner
tu es retourné(e)	tu retournes	tu vas retourner
il/elle/on est retourné(e)	il/elle/on retourne	il/elle/on va retourner
nous sommes retournés(ées)	nous retournons	nous allons retourner
vous êtes retournés(ées)	vous retournez	vous allez retourner
ils/elles sont retournés(ées)	ils/elles retournent	ils/elles vont retourner

EXERCICE 7 ***Dans les trois histoires, choisissez le verbe* aller, revenir, venir *ou* retourner. *Conjuguez le verbe au présent, au passé composé ou au futur immédiat.***

1. Il est présentement huit heures du soir.

   Ce matin, Martine ____________________ au bureau en automobile. Quand elle est arrivée au bureau, elle a dit : « Ah non ! J'ai oublié mon porte-documents à la maison. » Martine ____________________ à la maison pour prendre son porte-documents.

2. Louis et Antoine sont au bureau.

   (LOUIS) – Antoine, je dois partir. J'ai un rendez-vous avec un client.

   (ANTOINE) – Après ton rendez-vous, est-ce que tu ____________________ au bureau ?

   (LOUIS) – Oui, je ____________________ parce que j'ai beaucoup de travail.

3. Pauline, Annie et Marc sont au bureau.

(PAULINE) – Annie, est-ce que tu __________ au bureau en automobile ?

(ANNIE) – Non, je ne ________ pas __________ au bureau en automobile. Je ____________ au bureau en métro.

(PAULINE) – Et toi, Marc, comment _____-tu __________ au bureau ce matin ?

(MARC) – Je _______________ au bureau en autobus.

EXERCICE 8 *Conjuguez les verbes suivants.*

Présent

1. (aller) Nous ______________________________
2. (avancer) Ils ______________________________
3. (conduire) Vous ______________________________
4. (freiner) Je ______________________________
5. (retourner) Tu ______________________________
6. (prendre) Elle ______________________________

Passé composé

7. (reculer) Elle ______________________________
8. (retourner) Tu ______________________________
9. (prendre) Il ______________________________
10. (venir) Ils ______________________________
11. (attendre) Nous ______________________________
12. (aller) Vous ______________________________

Futur immédiat

13. (revenir) Je ______________________________
14. (aller) Tu ______________________________
15. (attendre) Vous ______________________________
16. (retourner) Ils ______________________________
17. (prendre) Elles ______________________________
18. (venir) Nous ______________________________

QU'EST-CE QUE C'EST ?

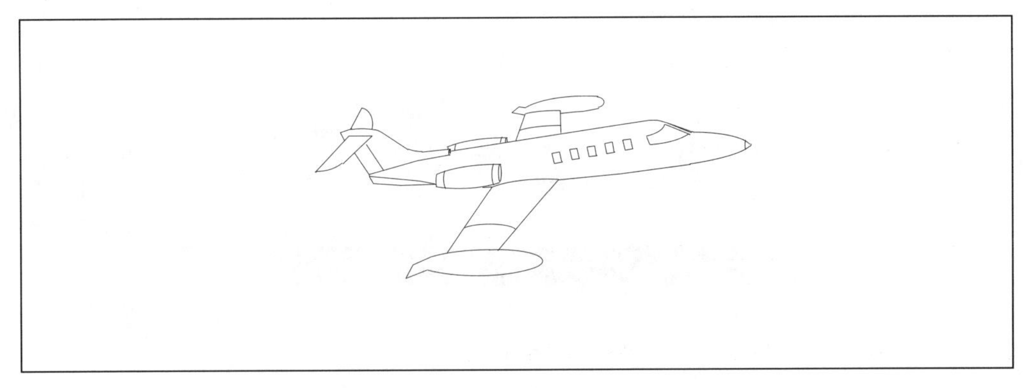

C'est un avion.

QU'EST-CE QUE C'EST ?

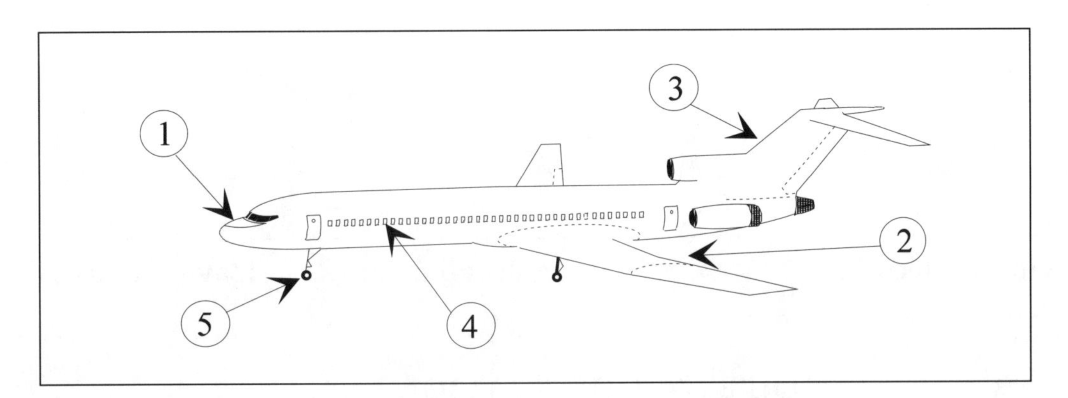

1. **C'est la cabine de pilotage.**
2. **C'est l'aile.**
3. **C'est la queue.**
4. **C'est le hublot.**
5. **C'est le train d'atterrissage.**

QU'EST-CE QUE L'AVION FAIT?

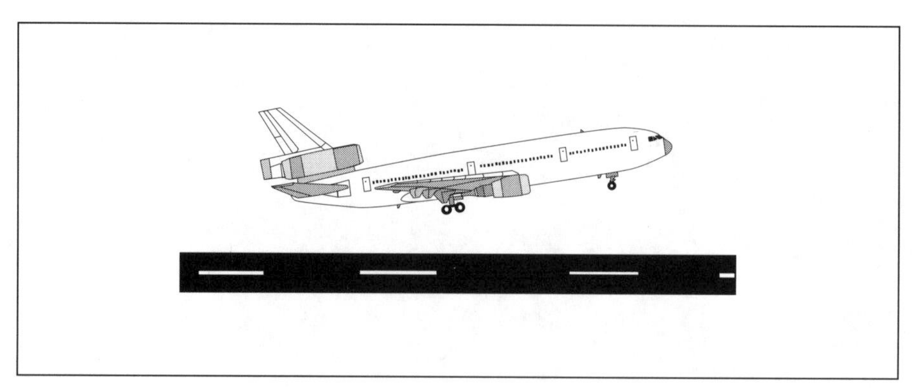

L'avion décolle.

DÉCOLLER

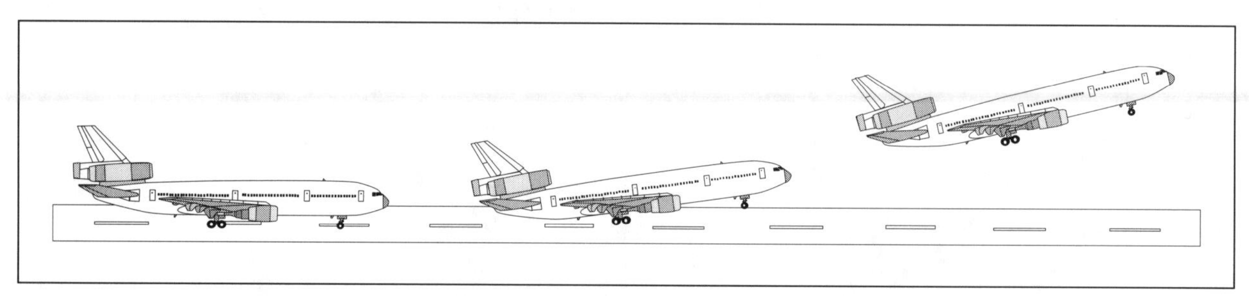

L'avion va décoller. **L'avion décolle.** **L'avion a décollé.**

QU'EST-CE QUE L'AVION FAIT ?

L'avion vole.

VOLER

Présent : L'avion vole.
Passé composé : L'avion a volé.
Futur immédiat : L'avion va voler.

QU'EST-CE QUE L'AVION FAIT ?

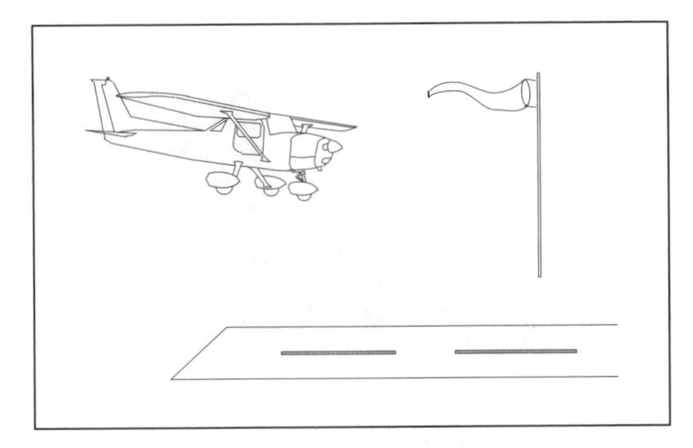

L'avion atterrit.

ATTERRIR

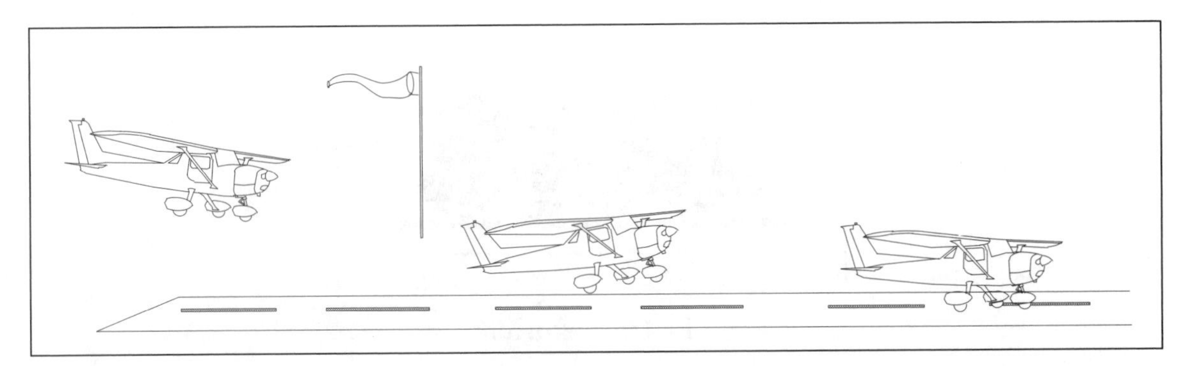

L'avion va atterrir. **L'avion atterrit.** **L'avion a atterri.**

POUR PRENDRE L'AVION, OÙ VAS-TU ?

Je vais à l'aéroport.

QU'EST-CE QUE C'EST ?

C'est un train.

QU'EST-CE QUE LE TRAIN FAIT ?

Le train roule.

ROULER

Présent :	Le train roule.
Passé composé :	Le train a roulé.
Futur immédiat :	Le train va rouler.

POUR PRENDRE LE TRAIN, OÙ VAS-TU ?

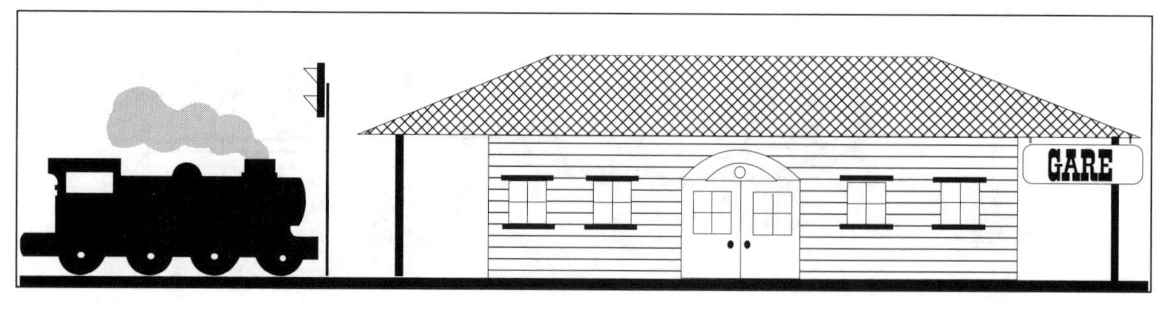

Je vais à la gare.

QU'EST-CE QUE C'EST ?

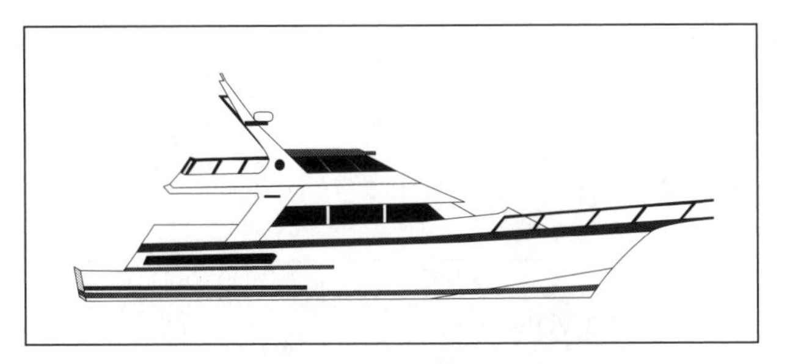

C'est un bateau.

QU'EST-CE QUE LE BATEAU FAIT ?

Le bateau navigue.

NAVIGUER

Présent :	Le bateau navigue.
Passé composé :	Le bateau a navigué.
Futur immédiat :	Le bateau va naviguer.

POUR PRENDRE LE BATEAU, OÙ VAS-TU ?

Je vais au port. **Je vais à la marina.**

EXERCICE 9 *Répondez aux questions.*

1. À quelle heure l'avion a-t-il décollé ?
   (à 8 h) ______________________________

2. À quelle heure l'avion va-t-il atterrir ?
   (à 7 h) ______________________________

3. À quelle vitesse l'avion vole-t-il ?
   (à 500 km/h) ______________________________

4. À quelle vitesse le train roule-t-il ?
   (à 100 km/h) ______________________________

5. Où le bateau navigue-t-il ?
   (sur le lac) ______________________________

EXERCICE 10 *Lisez attentivement.*

Les voyages d'affaires

Pierre est représentant pour la compagnie Ordi Plus. Il va dans des entreprises pour vendre des ordinateurs. Pierre ne prend pas l'autobus ou le métro. Il va au bureau et chez ses clients en automobile. Pierre conduit beaucoup.

Mardi passé, Pierre est allé à Toronto en automobile. Il a rencontré un nouveau client. Pierre est revenu à Montréal jeudi passé.

Lundi prochain, Pierre va prendre l'avion parce qu'il va rencontrer un nouveau client à Vancouver. Il va aller à l'aéroport à huit heures. L'avion va décoller à neuf heures trente. Quand l'avion va atterrir à Vancouver, Pierre va prendre un taxi pour aller chez son client. Pierre va revenir à Montréal mercredi prochain.

Répondez aux questions sur le texte.

1. Où travaille Pierre ?

   ____

2. Quel est son poste ?

   ____

3. Qu'est-ce qu'il vend ?

   ____

4. Comment va-t-il au bureau et chez ses clients ?

____

5. Où est allé Pierre mardi passé ?

____

6. Quand est-il revenu ?

____

7. Quand va-t-il aller à Vancouver ?

____

8. Comment va-t-il aller à Vancouver ?

____

9. Pourquoi va-t-il aller à Vancouver ?

____

10. Comment va-t-il aller chez son client à Vancouver ?

____

THÈME 5
Le travail

TRAVAILLES-TU ?

– **Oui**, je travaille.

– **Non**, je **ne** travaille **pas**.
Présentement, je cherche...
- du travail
- un emploi

TRAVAILLER

Passé ← Présent → Futur

Passé composé	**Présent**	**Futur immédiat**
j'ai travaillé	je travaille	je vais travailler
tu as travaillé	tu travailles	tu vas travailler
il/elle/on a travaillé	il/elle/on travaille	il/elle/on va travailler
nous avons travaillé	nous travaillons	nous allons travailler
vous avez travaillé	vous travaillez	vous allez travailler
ils/elles ont travaillé	ils/elles travaillent	ils/elles vont travailler

OÙ TRAVAILLES-TU ?

– Je travaille dans...
- une entreprise
- une usine
- une manufacture
- un bureau

TRAVAILLES-TU À PLEIN TEMPS ?

– **Oui**, je travaille à plein temps.

– **Non**, je **ne** travaille **pas** à plein temps.
Je travaille à mi-temps.

COMBIEN D'HEURES PAR SEMAINE TRAVAILLES-TU ?

– Je travaille quarante (40) heures par semaine.

QUEL EST TON HORAIRE DE TRAVAIL ?

– Je travaille de neuf (9) heures à cinq (5) heures, du lundi au vendredi.

TRAVAILLES-TU CINQUANTE-DEUX (52) SEMAINES PAR ANNÉE ?

– Non ! J'ai congé les jours fériés et j'ai trois (3) semaines de vacances.

QUEL EST TON SALAIRE ?

– Mon salaire est de...
- quinze dollars (15,00 $) l'heure
- cinq cents dollars (500,00 $) par semaine
- cinquante mille dollars (50 000,00 $) par année

– Ça ne te regarde pas !

LES JOURS DE LA SEMAINE

dimanche* – lundi – mardi – mercredi – jeudi – vendredi – samedi*

*** samedi et dimanche = la fin de semaine**

EXERCICE 1 *Complétez les phrases.*

1. Les sept jours de la semaine sont:

   ______________________ ______________________

   ______________________ ______________________

   ______________________ ______________________

   ____

2. Dans une entreprise, les employés travaillent du ____________ au ____________

3. Dans une entreprise, les employés travaillent cinq ____________ par semaine, huit ____________ par jour.

EXERCICE 2 *Trouvez les questions.*

1. ____
   Non, je ne travaille pas.

2. ____
   Elles travaillent dans une entreprise.

3. ____
   Il travaille trente-cinq heures par semaine.

4. ____
   Nous travaillons de huit heures trente à quatre heures trente.

5. ____
   Oui, je travaille à mi-temps.

6. ____
   Mon salaire est de deux cents dollars par semaine.

7. ______________________________
Oui, il travaille à plein temps.

8. ______________________________
Ils travaillent à la compagnie Idée.

9. ______________________________
Nous travaillons de huit heures à cinq heures, du lundi au jeudi.

10. ______________________________
Non, je ne travaille pas les fins de semaine.

QUEL EST TON TITRE ?

	Masculin	**Féminin**
– Je suis...	administrateur	administratrice
	coordonnateur	coordonnatrice
	directeur	directrice
	président	présidente
	représentant	représentante
	superviseur	superviseure
	secrétaire	secrétaire
	réceptionniste	réceptionniste

ÊTRE

Présent
Passé ← ———————— | ———————— → Futur

Passé composé	**Présent**	**Futur immédiat**
j'ai été	je suis	je vais être
tu as été	tu es	tu vas être
il/elle/on a été	il/elle/on est	il/elle/on va être
nous avons été	nous sommes	nous allons être
vous avez été	vous êtes	vous allez être
ils/elles ont été	ils/elles sont	ils/elles vont être

QUELLE EST TA PROFESSION ?

	Masculin	**Féminin**
– Je suis...	avocat	avocate
	architecte	architecte
	comptable	comptable
	dentiste	dentiste
	enseignant	enseignante
	ingénieur	ingénieure
	juge	juge
	médecin	médecin
	notaire	notaire
	pharmacien	pharmacienne
	programmeur	programmeuse

QUEL EST TON MÉTIER ?

	Masculin	**Féminin**
– Je suis...	coiffeur	coiffeuse
	plombier	plombière
	électricien	électricienne
	pompier	pompière
	menuisier	menuisière
	mécanicien	mécanicienne
	policier	policière
	ambulancier	ambulancière
	serveur	serveuse
	caissier	caissière

La question avec *quel*
☞ Voir les Références grammaticales, pages 241 et 242.

OBSERVEZ :

Il est plombier.	**mais**	C'est **un** plombier.
Elle est enseignante.	**mais**	C'est **une** enseignante.
↓		↓
sujet + verbe « être » + nom de métier ou de profession		c'est + article + nom de métier ou de profession

EXERCICE 3 ***Dans la liste, trouvez le métier ou la profession qui correspond à chaque définition et formulez la réponse comme dans l'exemple.***

Exemple : Il travaille dans les jardins.
Il est jardinier. **ou** C'est un jardinier.

un médecin/une médecin – un coiffeur/une coiffeuse – un vendeur/une vendeuse – un plombier/une plombière – un journaliste/une journaliste – un avocat/une avocate – un fonctionnaire/une fonctionnaire – un enseignant/une enseignante – un électricien/une électricienne – un pompier/une pompière

1. Elle pratique le droit.
   Elle est ________________________ **ou** C'est________________________

2. Il écrit dans un journal.
   Il est___________________________ **ou** C'est________________________

3. Il soigne les personnes malades.
   Il est___________________________ **ou** C'est________________________

4. Elle travaille dans un magasin.
   Elle est ________________________ **ou** C'est________________________

5. Elle enseigne à l'école du quartier.
   Elle est ________________________ **ou** C'est________________________

6. Il travaille au gouvernement.
   Il est___________________________ **ou** C'est________________________

7. Elle coiffe les cheveux.
   Elle est ________________________ **ou** C'est________________________

8. Il éteint les incendies.
   Il est___________________________ **ou** C'est________________________

9. Il travaille dans l'électricité.
   Il est___________________________ **ou** C'est________________________

10. Il travaille dans la tuyauterie.
    Il est___________________________ **ou** C'est________________________

LA SECRÉTAIRE

Je m'appelle Anne-Marie Lemire et je suis secrétaire. Je travaille du lundi au vendredi. J'arrive au bureau à neuf heures du matin et je pars du bureau à cinq heures de l'après-midi. Parfois, je dois faire des heures supplémentaires parce que j'ai beaucoup de travail.

Voici quelques tâches que je dois faire :

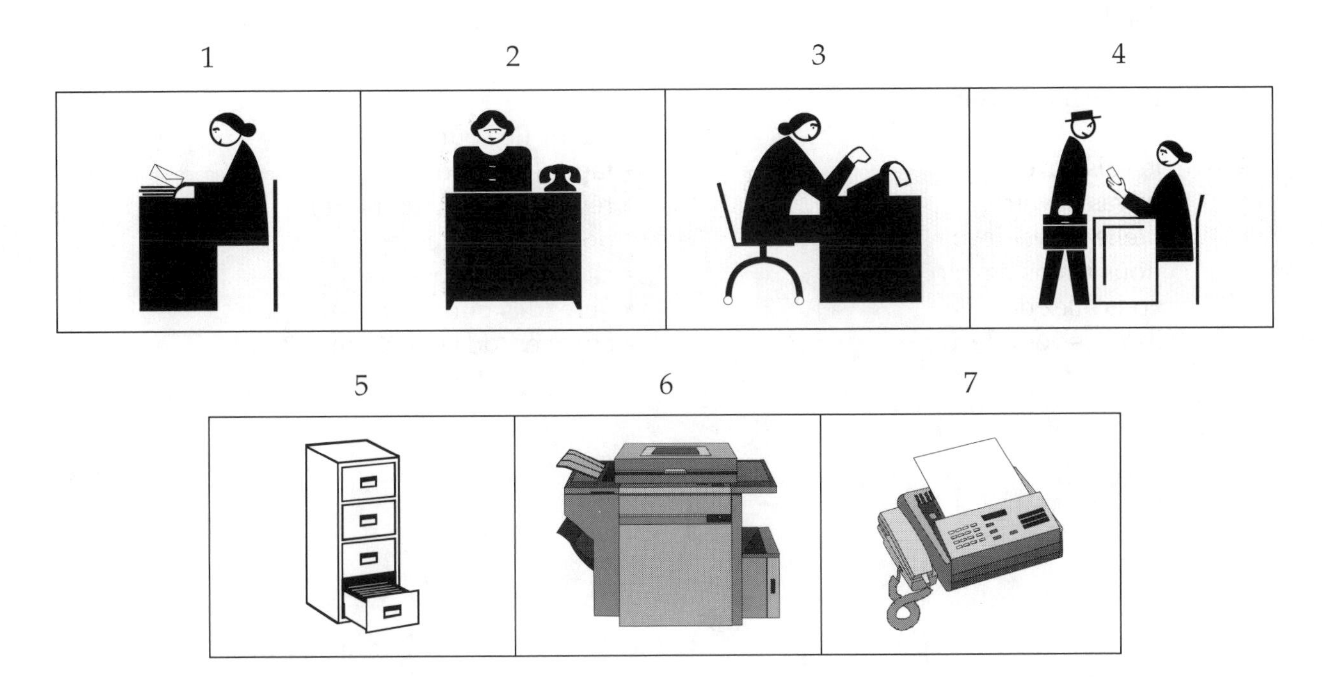

1. Je dois ouvrir le courrier.
2. Je dois répondre au téléphone.
3. Je dois taper des lettres.
4. Je dois donner les messages à mon patron.
5. Je dois classer des dossiers.
6. Je dois faire des photocopies.
7. Je dois envoyer de la documentation par télécopieur.

Mon patron, M. Dupré, est très gentil. Il est un homme dynamique et il est toujours de bonne humeur. Je travaille dans ce bureau depuis quatre ans. Je dois travailler très fort, mais j'aime beaucoup mon emploi.

DEVOIR + infinitif

Présent

je dois tu dois il/elle/on doit nous devons vous devez ils/elles doivent	+	• ouvrir (le courrier) • taper (des lettres) • répondre (au téléphone) • donner (les messages) • classer (des dossiers) • faire (des photocopies) • envoyer (de la documentation)

Passé composé

j'ai dû tu as dû il/elle/on a dû nous avons dû vous avez dû ils/elles ont dû	+	• ouvrir (le courrier) • taper (des lettres) • répondre (au téléphone) • donner (les messages) • classer (des dossiers) • faire (des photocopies) • envoyer (de la documentation)

Futur immédiat

je vais devoir tu vas devoir il/elle/on va devoir nous allons devoir vous allez devoir ils/elles vont devoir	+	• ouvrir (le courrier) • taper (des lettres) • répondre (au téléphone) • donner (les messages) • classer (des dossiers) • faire (des photocopies) • envoyer (de la documentation)

EXERCICE 4 *Écrivez le texte «La secrétaire» à la troisième personne du singulier.*

Exemple : Elle s'appelle Anne-Marie Lemire et elle...

La secrétaire

VERBES IMPORTANTS

1. **ARRIVER** au bureau

	Présent	
Tous les matins, ...	j'arrive...	au bureau à neuf heures.
	tu arrives...	
	il/elle/on arrive...	
	nous arrivons...	
	vous arrivez...	
	ils/elles arrivent...	
	Passé composé	
Hier matin, ...	je suis arrivé(e)...	au bureau à huit heures et demie.
	tu es arrivé(e)...	
	il/on est arrivé...	
	elle est arrivée...	
	nous sommes arrivés(ées)...	
	vous êtes arrivés(ées)...	
	ils sont arrivés...	
	elles sont arrivées...	
	Futur immédiat	
Demain matin, ...	je vais arriver...	au bureau à dix heures.
	tu vas arriver...	
	il/elle/on va arriver...	
	nous allons arriver...	
	vous allez arriver...	
	ils/elles vont arriver...	

2. **PARTIR** du bureau

	Présent	
Tous les après-midi, ...	je pars...	du bureau à cinq heures.
	tu pars...	
	il/elle/on part...	
	nous partons...	
	vous partez...	
	ils/elles partent...	
	Passé composé	
Hier après-midi, ...	je suis parti(e)...	du bureau à quatre heures et demie.
	tu es parti(e)...	
	il/on est parti...	
	elle est partie...	
	nous sommes partis(ies)...	
	vous êtes partis(ies)...	
	ils sont partis...	
	elles sont parties...	
	Futur immédiat	
Demain après-midi, ...	je vais partir...	du bureau à six heures.
	tu vas partir...	
	il/elle/on va partir...	
	nous allons partir...	
	vous allez partir...	
	ils/elles vont partir...	

3. **RÉPONDRE** au téléphone

Passé ← Présent → Futur

Passé composé	Présent	Futur immédiat
j'ai répondu	je réponds	je vais répondre
tu as répondu	tu réponds	tu vas répondre
il/elle/on a répondu	il/elle/on répond	il/elle/on va répondre
nous avons répondu	nous répondons	nous allons répondre
vous avez répondu	vous répondez	vous allez répondre
ils/elles ont répondu	ils/elles répondent	ils/elles vont répondre

4. **OUVRIR** le courrier

Passé ← Présent → Futur

Passé composé	Présent	Futur immédiat
j'ai ouvert	j'ouvre	je vais ouvrir
tu as ouvert	tu ouvres	tu vas ouvrir
il/elle/on a ouvert	il/elle/on ouvre	il/elle/on va ouvrir
nous avons ouvert	nous ouvrons	nous allons ouvrir
vous avez ouvert	vous ouvrez	vous allez ouvrir
ils/elles ont ouvert	ils/elles ouvrent	ils/elles vont ouvrir

5. **ENVOYER** de la documentation

Passé ← Présent → Futur

Passé composé	Présent	Futur immédiat
j'ai envoyé	j'envoie	je vais envoyer
tu as envoyé	tu envoies	tu vas envoyer
il/elle/on a envoyé	il/elle/on envoie	il/elle/on va envoyer
nous avons envoyé	nous envoyons	nous allons envoyer
vous avez envoyé	vous envoyez	vous allez envoyer
ils/elles ont envoyé	ils/elles envoient	ils/elles vont envoyer

6. **FAIRE** des photocopies

Passé ← Présent → Futur

Passé composé	Présent	Futur immédiat
j'ai fait	je fais	je vais faire
tu as fait	tu fais	tu vas faire
il/elle/on a fait	il/elle/on fait	il/elle/on va faire
nous avons fait	nous faisons	nous allons faire
vous avez fait	vous faites	vous allez faire
ils/elles ont fait	ils/elles font	ils/elles vont faire

7. **ÉCRIRE** une lettre

Passé ← Présent → Futur

Passé composé	**Présent**	**Futur immédiat**
j'ai écrit	j'écris	je vais écrire
tu as écrit	tu écris	tu vas écrire
il/elle/on a écrit	il/elle/on écrit	il/elle/on va écrire
nous avons écrit	nous écrivons	nous allons écrire
vous avez écrit	vous écrivez	vous allez écrire
ils/elles ont écrit	ils/elles écrivent	ils/elles vont écrire

PARLER à quelqu'un
TÉLÉPHONER à quelqu'un
TAPER une lettre
DONNER les messages
CLASSER des dossiers

} même modèle que **TRAVAILLER**

EXERCICE 5 ***Trouvez, dans la liste, l'antonyme (le contraire) de chaque verbe.***

envoyer – parler (à quelqu'un) – effacer – sortir – revenir (à la maison) – partir – classer – donner

1. Arriver: ______________________
2. Entrer: ______________________
3. Recevoir (une lettre): ______________________
4. Garder (un message): ______________________
5. Aller (au bureau): ______________________
6. Écrire: ______________________
7. Sortir (un dossier): ______________________
8. Écouter (quelqu'un): ______________________

EXERCICE 6 *Conjuguez les verbes et essayez de former de courtes phrases.*

Exemple : (travailler) Ils travaillent du lundi au vendredi.

Présent

1. (travailler) Vous ______________________________
2. (être) Je ______________________________
3. (écrire) Il ______________________________
4. (devoir) Je ______________________________
5. (arriver) Elles ______________________________
6. (parler) Nous ______________________________
7. (classer) Elle ______________________________
8. (ouvrir) Vous ______________________________
9. (répondre) Je ______________________________
10. (devoir) Il ______________________________

Passé composé

11. (travailler) Tu ______________________________
12. (arriver) Vous ______________________________
13. (donner) Nous ______________________________
14. (devoir) Ils ______________________________
15. (répondre) Vous ______________________________
16. (ouvrir) Tu ______________________________
17. (arriver) Je ______________________________
18. (répondre) Elle ______________________________
19. (écrire) J' ______________________________
20. (devoir) Elles ______________________________

Futur immédiat

21. (écrire) Je ______________________________
22. (répondre) Vous ______________________________
23. (devoir) Tu ______________________________
24. (arriver) Il ______________________________
25. (être) Ils ______________________________

EXERCICE 7 *Répondez aux questions.*

1. Travailles-tu présentement ?
   Oui, ____________________

2. Es-tu ingénieur ?
   Non, ____________________

3. Devez-vous travailler demain ?
   Oui, nous ____________________

4. Travaille-t-elle à plein temps ?
   Non, ____________________

5. Vont-ils chercher du travail ?
   Oui, ____________________

6. Est-elle partie du bureau à cinq heures ?
   Oui, ____________________

7. Dois-tu taper une lettre ?
   Oui, ____________________

8. Est-il allé au bureau ?
   Non, ____________________

9. Vas-tu écrire une lettre ?
   Oui, ____________________

10. Avez-vous travaillé hier ?
    Non, nous ____________________

OBSERVEZ :

La négation **ne...pas** avec le verbe **devoir** suivi d'un infinitif.

Je dois travailler.	→	phrase affirmative
Je **ne** dois **pas** travailler.	→	phrase négative
Il doit écrire des lettres.	→	phrase affirmative
Il **ne** doit **pas** écrire de lettre.	→	phrase négative

EXERCICE 8 *Répondez aux questions.*

1. Devez-vous téléphoner à M. Demers ?
   Non, je ______________________________
2. Doit-elle ouvrir le courrier ?
   Non, ______________________________
3. Devons-nous faire des photocopies ?
   Non, ______________________________
4. Doivent-ils répondre au téléphone ?
   Non, ______________________________
5. Doit-on classer des dossiers ?
   Non, ______________________________
6. Dois-tu taper des lettres ?
   Non, ______________________________

EXERCICE 9 *Dans la liste qui suit, trouvez l'emploi de chaque personne. Vous avez trois indices.*

un camionneur/une camionneuse – un caissier/une caissière – un ouvrier/une ouvrière – un laitier/une laitière – un coiffeur/une coiffeuse – un facteur/une factrice

1. Indice n° 1 : Il/elle doit conduire un camion.
   Indice n° 2 : Il/elle doit aller chez des clients.
   Indice n° 3 : Il/elle doit livrer des produits laitiers.
   Réponse : ______________________________
2. Indice n° 1 : Il/elle doit marcher.
   Indice n° 2 : Il/elle doit porter un gros sac.
   Indice n° 3 : Il/elle doit livrer du courrier.
   Réponse : ______________________________
3. Indice n° 1 : Il/elle doit travailler debout.
   Indice n° 2 : Il/elle doit travailler avec des ciseaux et des rouleaux.
   Indice n° 3 : Il/elle doit faire de belles coiffures.
   Réponse : ______________________________
4. Indice n° 1 : Il/elle doit travailler sur la route.
   Indice n° 2 : Il/elle doit conduire de gros camions.
   Indice n° 3 : Il/elle doit livrer de la marchandise.
   Réponse : ______________________________

5. Indice n° 1 : Il/elle doit servir les clients.
   Indice n° 2 : Il/elle doit compter de l'argent.
   Indice n° 3 : Il/elle doit utiliser une caisse enregistreuse.
   Réponse : ____________________

6. Indice n° 1 : Il/elle doit travailler dehors.
   Indice n° 2 : Il/elle doit être habile avec ses mains.
   Indice n° 3 : Il/elle doit construire et rénover des maisons.
   Réponse : ____________________

EXERCICE 10 *Lisez attentivement.*

Un directeur occupé

Pierre est directeur de la compagnie G.G. Électronique. Il travaille pour cette compagnie depuis seize ans. Du lundi au vendredi, Pierre arrive au bureau à huit heures et il part du bureau à cinq heures. Durant la journée, Pierre doit ouvrir son courrier, il doit écrire des lettres et il doit parler au téléphone. Pierre doit aussi répondre aux questions des employés et il doit prendre des décisions importantes. Pierre a beaucoup d'expérience et il travaille très bien.

Répondez aux questions sur le texte.

1. Où travaille Pierre ?

   ____

2. Quel est son poste ?

   ____

3. Depuis combien de temps travaille-t-il pour cette compagnie ?

   ____

4. À quelle heure arrive-t-il au bureau ?

   ____

5. Nommez cinq choses que Pierre doit faire :

   ____

   ____

   ____

   ____

   ____

6. Comment travaille Pierre ?

____

7. Combien d'heures par jour travaille-t-il ?

____

8. Conjuguez le verbe « devoir » au présent de l'indicatif.

____________________ ____________________

____________________ ____________________

____________________ ____________________

9. Quels jours travaille-t-il ?

____

10. Combien d'heures par semaine travaille-t-il ?

____

THÈME **6**

Les actions quotidiennes

QUELLE HEURE EST-IL ?

– Il est...

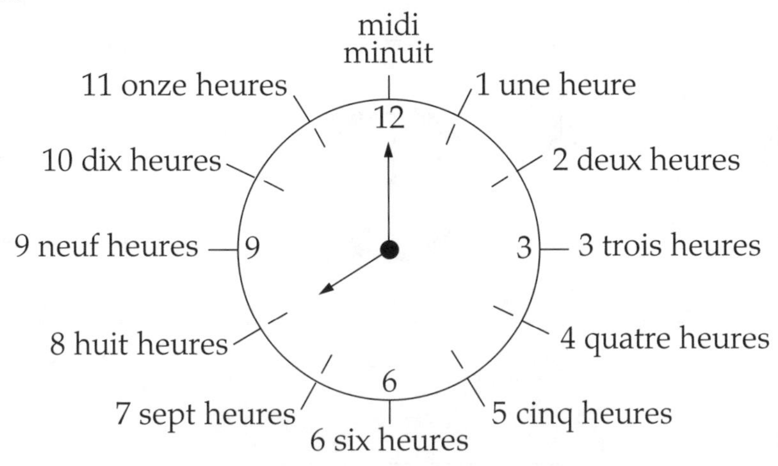

Il est neuf heures **et** cinq.

Il est sept heures **et** quart.

Il est onze heures **et** demie.

Il est deux heures **moins** vingt.

Il est quatre heures **moins** quart.

Il est une heure **moins** dix.

EXERCICE 1 *Quelle heure est-il?*

1. Il est 

2. Il est ________________

3. Il est ________________

4. Il est ________________

5. Il est ________________

6. Il est ________________

7. Il est ________________

8. Il est ________________

9. Il est ________________

10. Il est ________________

11. Il est ________________

12. Il est ________________

LE JOUR SE LÈVE...

le matin

un réveille-matin

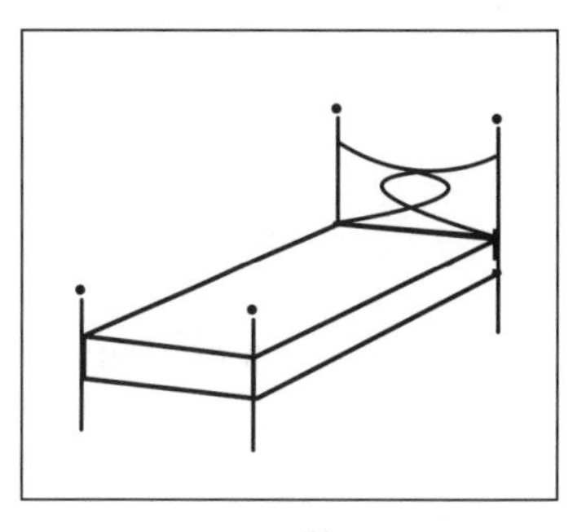

un lit

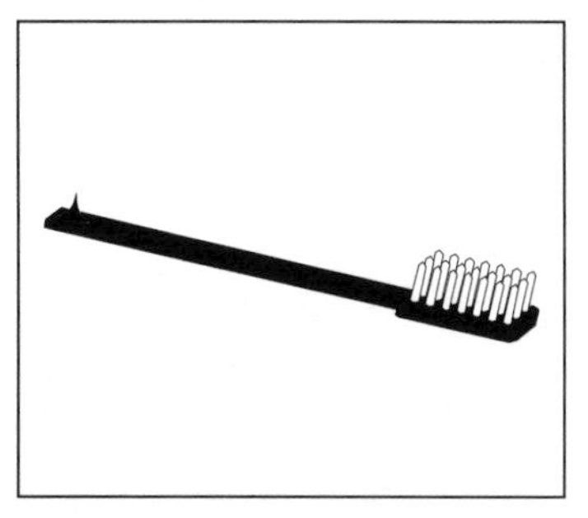

une brosse à dents

une brosse à cheveux

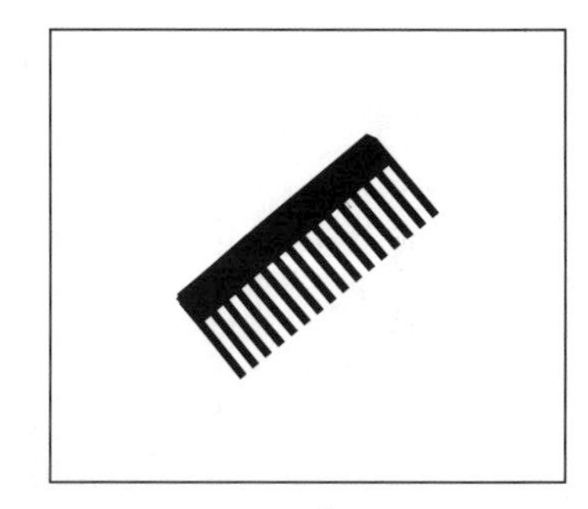

un peigne

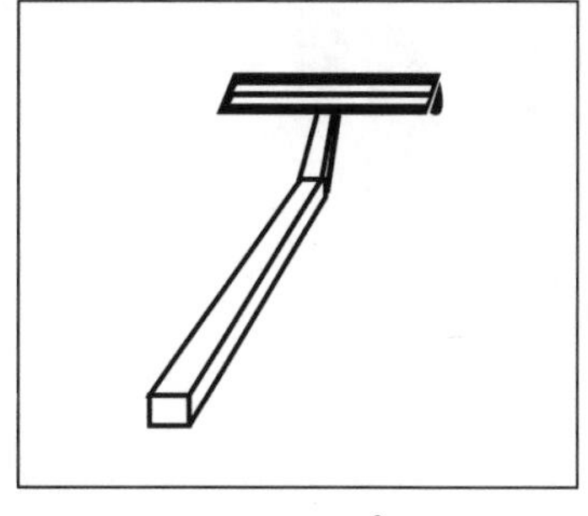

un rasoir

du maquillage

des vêtements

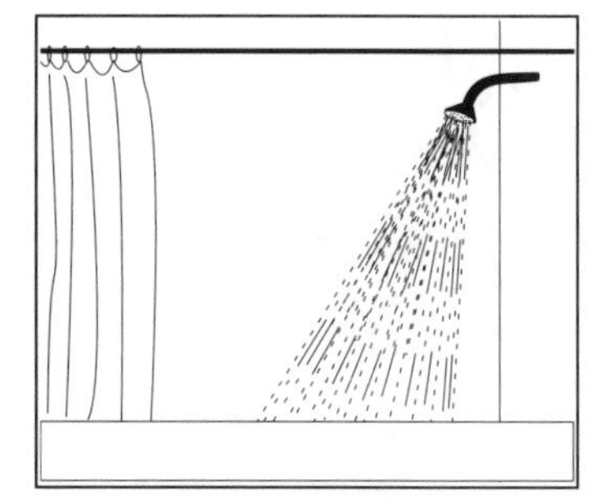

une douche

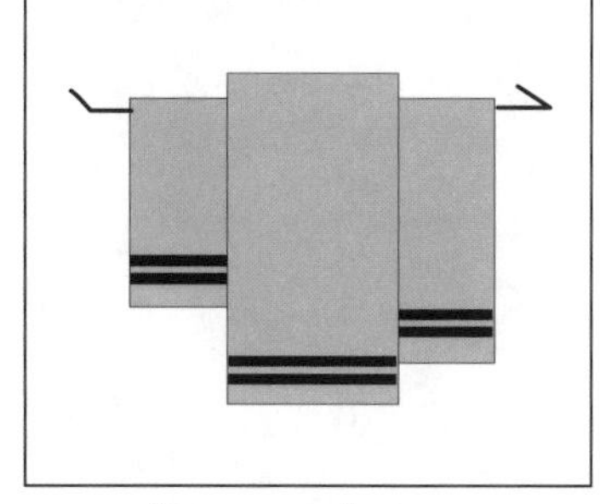

des serviettes

un miroir

IL EST SIX HEURES

Le réveille-matin sonne...

Sophie se réveille.
Elle se lève.
Elle se brosse les dents.
Elle se lave.
Elle s'essuie.
Elle se brosse les cheveux.
Elle se maquille.
Elle s'habille.

Marc se réveille.
Il se lève.
Il se brosse les dents.
Il se lave.
Il s'essuie.
Il se peigne.
Il se rase.
Il s'habille.

Les verbes à la forme pronominale
☞ Voir les Références grammaticales, pages 214 à 217 et 228 à 232.

SE RÉVEILLER

Présent
Passé ◄———————————+———————————► Futur

Passé composé	**Présent**	**Futur immédiat**
je me suis réveillé(e)	je me réveille	je vais me réveiller
tu t'es réveillé(e)	tu te réveilles	tu vas te réveiller
il/elle/on s'est réveillé(e)	il/elle/on se réveille	il/elle/on va se réveiller
nous nous sommes réveillés(ées)	nous nous réveillons	nous allons nous réveiller
vous vous êtes réveillés(ées)	vous vous réveillez	vous allez vous réveiller
ils/elles se sont réveillés(ées)	ils/elles se réveillent	ils/elles vont se réveiller

SE BROSSER
SE LAVER
SE PEIGNER
SE MAQUILLER
SE RASER
S'HABILLER
} même modèle que **SE RÉVEILLER**

SE LEVER

Passé composé	**Présent**	**Futur immédiat**
je me suis levé(e)	je me lève	je vais me lever
tu t'es levé(e)	tu te lèves	tu vas te lever
il/elle/on s'est levé(e)	il/elle/on se lève	il/elle/on va se lever
nous nous sommes levés(ées)	nous nous levons	nous allons nous lever
vous vous êtes levés(ées)	vous vous levez	vous allez vous lever
ils/elles se sont levés(ées)	ils/elles se lèvent	ils/elles vont se lever

S'ESSUYER

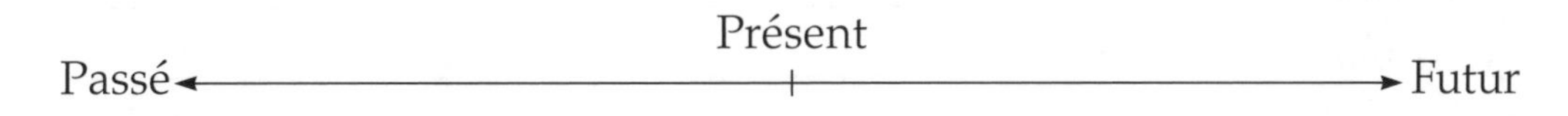

Passé composé	**Présent**	**Futur immédiat**
je me suis essuyé(e)	je m'essuie	je vais m'essuyer
tu t'es essuyé(e)	tu t'essuies	tu vas t'essuyer
il/elle/on s'est essuyé(e)	il/elle/on s'essuie	il/elle/on va s'essuyer
nous nous sommes essuyés(ées)	nous nous essuyons	nous allons nous essuyer
vous vous êtes essuyés(ées)	vous vous essuyez	vous allez vous essuyer
ils/elles se sont essuyés(ées)	ils/elles s'essuient	ils/elles vont s'essuyer

EXERCICE 2 *Conjuguez les verbes.*

Présent

1. (se réveiller) Je ____________________
2. (se peigner) Tu ____________________
3. (se brosser) Elle ____________________
4. (se lever) Vous ____________________
5. (se maquiller) Elle ____________________
6. (se raser) Ils ____________________
7. (s'habiller) Je ____________________
8. (s'essuyer) Nous ____________________
9. (se laver) Il ____________________
10. (se réveiller) Nous ____________________

Passé composé

11. (se laver) Je ____________________
12. (se brosser) Elle ____________________
13. (s'habiller) Vous ____________________
14. (se peigner) Il ____________________
15. (se maquiller) Elles ____________________
16. (se lever) Tu ____________________
17. (se raser) Il ____________________
18. (s'essuyer) Je ____________________
19. (se laver) Elle ____________________
20. (se lever) Je ____________________

Futur immédiat

21. (se peigner) Elle ____________________
22. (se raser) Il ____________________
23. (s'habiller) Je ____________________
24. (se brosser) Elles ____________________
25. (se maquiller) Elle ____________________
26. (se réveiller) Nous ____________________
27. (s'essuyer) Tu ____________________
28. (se lever) Je ____________________
29. (se laver) Vous ____________________
30. (se peigner) Tu ____________________

EXERCICE 3 *Complétez les phrases avec les mots de la liste suivante.*

rasoir – peigne – réveille-matin – douche – vêtements – lit – brosse à cheveux – maquillage – serviette – brosse à dents

1. Je me réveille quand le ____________________ sonne.
2. Quand je me lève, je descends du ____________________
3. Je me brosse les dents avec une ____________________
4. Je me lave dans la ____________________
5. Je m'essuie avec une ____________________
6. Je me brosse les cheveux avec une ____________________
7. Je me peigne avec un ____________________
8. Je me maquille avec du ____________________
9. Je me rase avec un ____________________
10. Je m'habille avec des ____________________

EXERCICE 4 *Répondez aux questions.*

Exemple : Habituellement, à quelle heure te réveilles-tu ?
(5 h) Je me réveille à cinq heures.

1. Habituellement, à quelle heure se réveille-t-elle ?
   (6 h) ____________________
2. Habituellement, à quelle heure vous réveillez-vous ?
   (7 h 15) Nous ____________________
3. Habituellement, à quelle heure se réveillent-ils ?
   (8 h 15) ____________________
4. Habituellement, à quelle heure se réveille-t-il ?
   (7 h 45) ____________________
5. Habituellement, à quelle heure se réveillent-elles ?
   (5 h 30) ____________________

EXERCICE 5 *Répondez aux questions.*

Exemple : Ce matin, à quelle heure t'es-tu réveillé ?
(8 h 30) Je me suis réveillé à huit heures et demie.

1. Ce matin, à quelle heure s'est-il réveillé ?
(6 h) ______________________________

2. Ce matin, à quelle heure vous êtes-vous réveillés ?
(7 h 15) Nous ______________________________

3. Ce matin, à quelle heure se sont-elles réveillées ?
(6 h 45) ______________________________

4. Ce matin, à quelle heure s'est-elle réveillée ?
(10 h) ______________________________

5. Ce matin, à quelle heure se sont-ils réveillés ?
(10 h 45) ______________________________

APRÈS LA JOURNÉE DE TRAVAIL

Durant la journée, Sophie travaille. Elle rentre à la maison à cinq heures et demie.

Quand elle rentre à la maison...

- elle **prépare** le souper
- elle **lave** la vaisselle
- elle **joue** avec les enfants
- elle **regarde** la télévision
- elle **lit** un livre ou une revue
- elle **se déshabille**
- elle **se démaquille**
- elle **se brosse** les dents
- elle **se couche**
- elle **dort**

Durant la journée, Marc travaille. Il rentre à la maison à six heures.

Quand il rentre à la maison...

- il **prépare** le souper avec Sophie
- il **essuie** la vaisselle
- il **aide** les enfants à faire leurs devoirs
- il **écoute** de la musique
- il **se déshabille**
- il **se brosse** les dents
- il **se couche**
- il **dort**

PRÉPARER le souper

Présent

Passé ← → Futur

Passé composé	**Présent**	**Futur immédiat**
j'ai préparé	je prépare	je vais préparer
tu as préparé	tu prépares	tu vas préparer
il/elle/on a préparé	il/elle/on prépare	il/elle/on va préparer
nous avons préparé	nous préparons	nous allons préparer
vous avez préparé	vous préparez	vous allez préparer
ils/elles ont préparé	ils/elles préparent	ils/elles vont préparer

LAVER la vaisselle
JOUER avec les enfants
REGARDER la télévision
AIDER les enfants
ÉCOUTER de la musique

} même modèle que **PRÉPARER**

ESSUYER la vaisselle

Passé composé	**Présent**	**Futur immédiat**
j'ai essuyé	j'essuie	je vais essuyer
tu as essuyé	tu essuies	tu vas essuyer
il/elle/on a essuyé	il/elle/on essuie	il/elle/on va essuyer
nous avons essuyé	nous essuyons	nous allons essuyer
vous avez essuyé	vous essuyez	vous allez essuyer
ils/elles ont essuyé	ils/elles essuient	ils/elles vont essuyer

LIRE un livre

Présent

Passé ← → Futur

Passé composé	**Présent**	**Futur immédiat**
j'ai lu	je lis	je vais lire
tu as lu	tu lis	tu vas lire
il/elle/on a lu	il/elle/on lit	il/elle/on va lire
nous avons lu	nous lisons	nous allons lire
vous avez lu	vous lisez	vous allez lire
ils/elles ont lu	ils/elles lisent	ils/elles vont lire

SE COUCHER

Présent
Passé ← → Futur

Passé composé	**Présent**	**Futur immédiat**
je me suis couché(e)	je me couche	je vais me coucher
tu t'es couché(e)	tu te couches	tu vas te coucher
il/elle/on s'est couché(e)	il/elle/on se couche	il/elle/on va se coucher
nous nous sommes couchés(ées)	nous nous couchons	nous allons nous coucher
vous vous êtes couchés(ées)	vous vous couchez	vous allez vous coucher
ils/elles se sont couchés(ées)	ils/elles se couchent	ils/elles vont se coucher

DORMIR

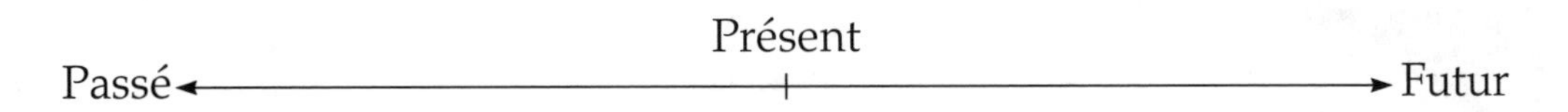

Passé composé	**Présent**	**Futur immédiat**
j'ai dormi	je dors	je vais dormir
tu as dormi	tu dors	tu vas dormir
il/elle/on a dormi	il/elle/on dort	il/elle/on va dormir
nous avons dormi	nous dormons	nous allons dormir
vous avez dormi	vous dormez	vous allez dormir
ils/elles ont dormi	ils/elles dorment	ils/elles vont dormir

EXERCICE 6 *Complétez les phrases avec les mots de la liste ci-dessous.*

de la vaisselle

une casserole

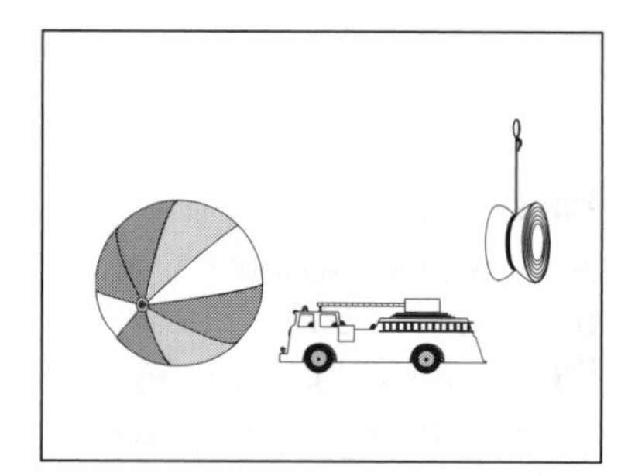

des jouets

un livre

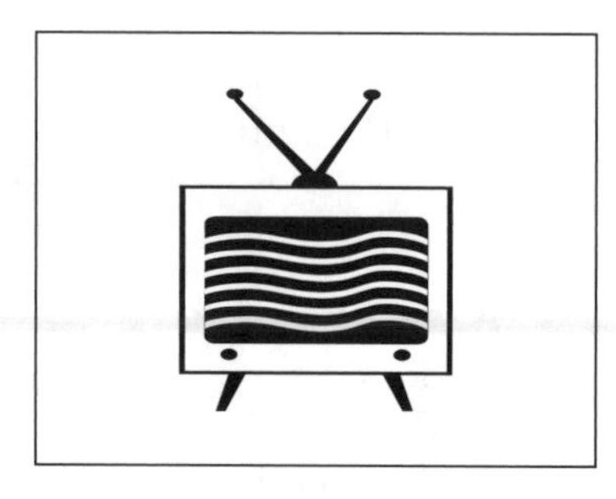

un téléviseur

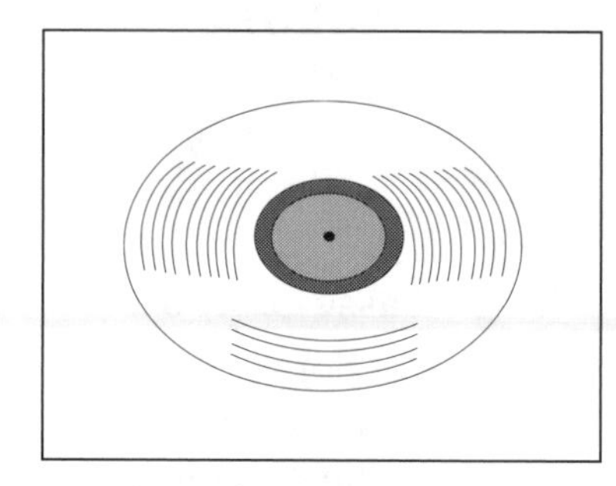

un disque

1. Je dois allumer le ____________________ pour regarder la télévision.
2. As-tu lavé toute la ____
3. Les enfants jouent avec des ________________________________
4. Elles préparent le souper avec des ___________________________
5. Hier soir, j'ai écouté un bon _______________________________
6. Ce soir, elle va lire un ____________________________________

EXERCICE 7 *Conjuguez les verbes et essayez de former de courtes phrases.*

Exemple : (jouer) Je joue avec les enfants.

Présent

1. (préparer) Je ______________________________
2. (lire) Elle ______________________________
3. (essuyer) Il ______________________________
4. (dormir) Elles ______________________________
5. (laver) Nous ______________________________
6. (regarder) Tu ______________________________
7. (aider) Il ______________________________
8. (écouter) J' ______________________________
9. (jouer) Vous ______________________________
10. (lire) Ils ______________________________

Passé composé

11. (laver) J' ______________________________
12. (aider) Il ______________________________
13. (écouter) Nous ______________________________
14. (essuyer) Elle ______________________________
15. (préparer) Vous ______________________________
16. (lire) J' ______________________________
17. (dormir) Tu ______________________________
18. (jouer) Ils ______________________________
19. (regarder) Elle ______________________________
20. (lire) Il ______________________________

Futur immédiat

21. (préparer) Je ______________________________
22. (écouter) Nous ______________________________
23. (jouer) Elles ______________________________
24. (lire) Tu ______________________________
25. (regarder) Il ______________________________

EXERCICE 8 ***Complétez les dialogues comme dans l'exemple.***

Exemple :
– Écoutes-tu de la musique ?
– Non, je n'écoute pas de musique.
– Qu'est-ce que tu fais ?
(lire) – Je lis.

1. – Regarde-t-il la télévision ?
– Non, ______
– ______
(travailler) – ______

2. – Lis-tu un livre ?
– Non, ______
– ______
(faire la vaisselle) – ______

3. – Écoutez-vous la radio ?
– Non, nous ______
– ______
(jouer aux cartes) – ______

4. – Essuie-t-il la vaisselle ?
– Non, ______
– ______
(regarder la télévision) – ______

5. – Dors-tu ?
– Non, ______
– ______
(réfléchir) – ______

6. – Aide-t-elle sa mère ?
– Non, ______
– ______
(jouer à un jeu vidéo) – ______

7. – Prépare-t-elle le repas ?
   – Non, ______________________________
   – ______________________________
   (étudier) – ______________________________

8. – Lit-il le journal ?
   – Non, ______________________________
   – ______________________________
   (dormir) – ______________________________

9. – Jouent-ils avec les enfants ?
   – Non, ______________________________
   – ______________________________
   (parler au téléphone) – ______________________________

10. – Dort-elle ?
   – Non, ______________________________
   – ______________________________
   (écouter la radio) – ______________________________

EXERCICE 9 ***Conjuguez les verbes au présent, au passé composé ou au futur immédiat.***

Une journée dans la vie de Caroline

Présentement, il (être) ________ deux heures. Ce matin, Caroline (se réveiller) ______________ à six heures et demie. Elle (se lever) ______________, elle (se maquiller) __________________, elle (s'habiller) ____________ ________ et elle (partir) ________________ au bureau.

Présentement, Caroline (être) __________ au bureau. Elle (travailler) ________________ . À cinq heures, Caroline (rentrer) ____________ à la maison. Elle (préparer) ____________ le souper, elle (laver) ______________ la vaisselle et elle (regarder) ________________ la télévision. Vers dix heures, Caroline (se coucher) ____________________ .

EXERCICE 10 *Lisez attentivement.*

Quelle soirée !

Il est neuf heures du matin. Marc et Caroline sont au bureau. Caroline dit à Marc : « Bonjour, Marc. Comment vas-tu ? »

(MARC) – Oh, ça va !

(CAROLINE) – Qu'est-ce que tu as fait hier soir ?

(MARC) – Hier soir, j'ai eu beaucoup de problèmes !

(CAROLINE) – Ah oui ?

(MARC) – Oui ! Mes problèmes ont commencé quand je suis rentré à la maison...
À six heures, j'ai préparé le souper. J'ai fait du spaghetti et j'ai renversé de l'eau bouillante sur mon bras.
À sept heures, j'ai lavé la vaisselle et j'ai cassé une assiette.
De huit heures à neuf heures, j'ai aidé mon fils à faire ses devoirs. J'ai fait des mathématiques pendant une heure !
À neuf heures, je me suis couché.
À dix heures et demie, le téléphone a sonné. Je me suis réveillé, je me suis levé, je suis allé dans le salon et quand j'ai répondu au téléphone, la personne a raccroché !

(CAROLINE) – Pauvre Marc ! Quelle soirée !

Répondez aux questions sur le texte.

1. Où sont Marc et Caroline ?

____

2. À quelle heure Marc a-t-il préparé le souper ?

____

3. Qu'est-ce que Marc a mangé ?

____

4. Qu'est-ce que Marc a fait à sept heures ?

____

5. Pendant combien de temps a-t-il aidé son fils ?

____

6. Qu'est-ce qu'ils ont fait ?

____

7. Qu'est-ce que Marc a fait entre neuf heures et dix heures et demie?

____

8. Pourquoi Marc s'est-il réveillé?

____

9. Conjuguez le verbe « se réveiller » au passé composé.

Je ________________	Nous ________________
Tu ________________	Vous ________________
Il ________________	Ils ________________
Elle ________________	Elles ________________

10. Conjuguez le verbe « se coucher » au futur immédiat.

________________	________________
________________	________________
________________	________________
________________	________________

THÈME 7
Le bureau

QU'EST-CE QUE C'EST ?

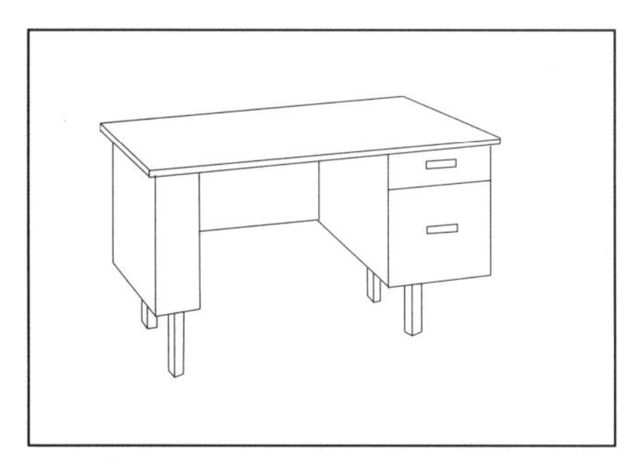

C'est un bureau.

C'est une machine à écrire.

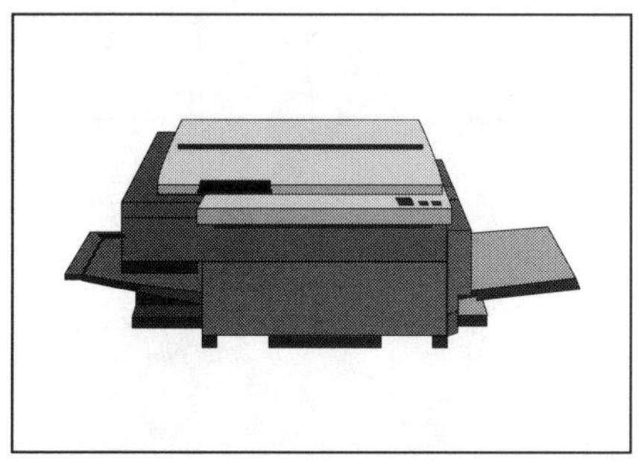

C'est un photocopieur.

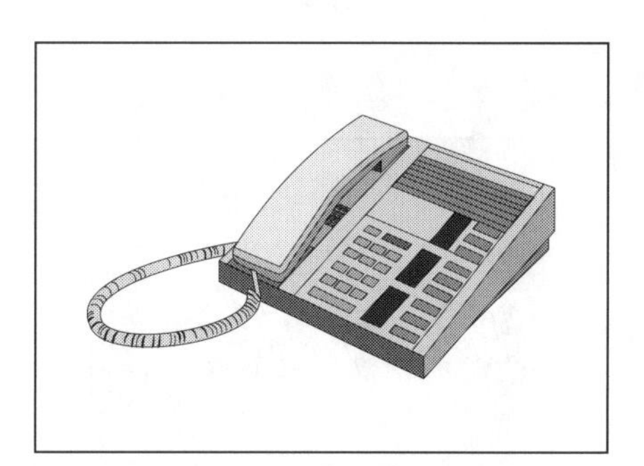

C'est un téléphone.

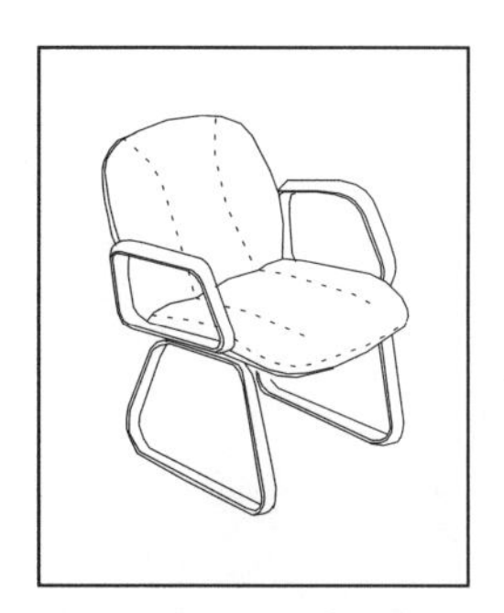

C'est une chaise.

C'est un classeur.

C'est un télécopieur.

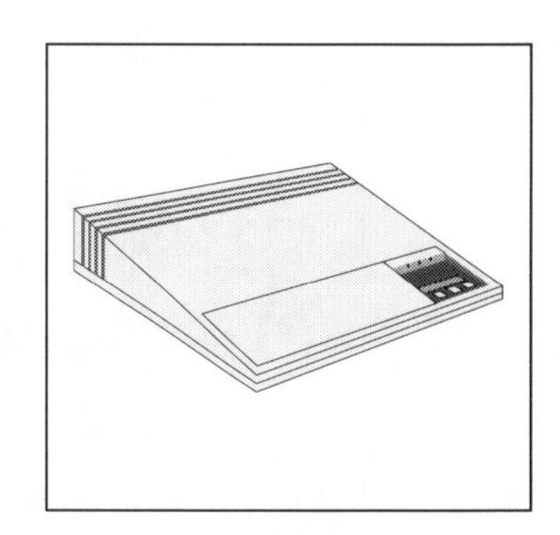

C'est un répondeur.

QU'EST-CE QUE C'EST ?

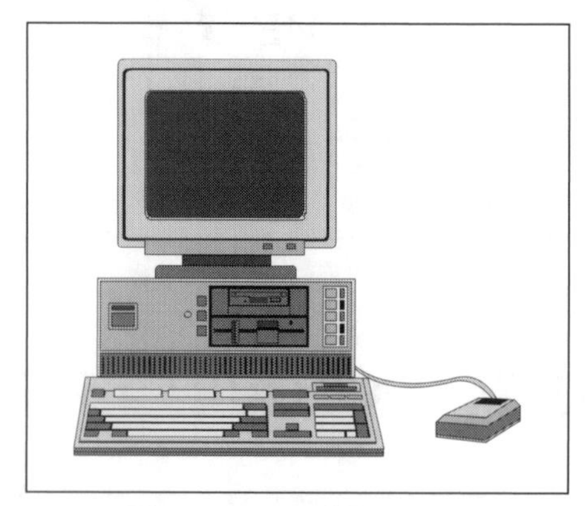

C'est un ordinateur.

C'est un écran.

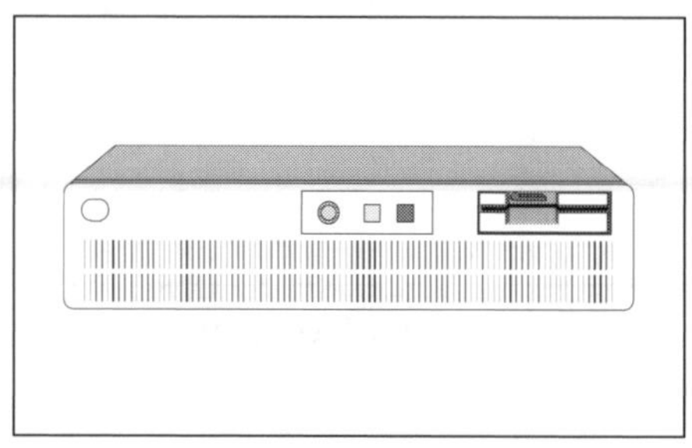

C'est une unité centrale.

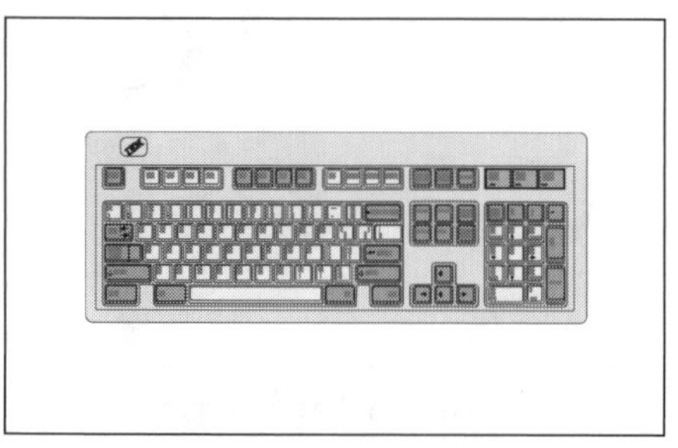

C'est un clavier.

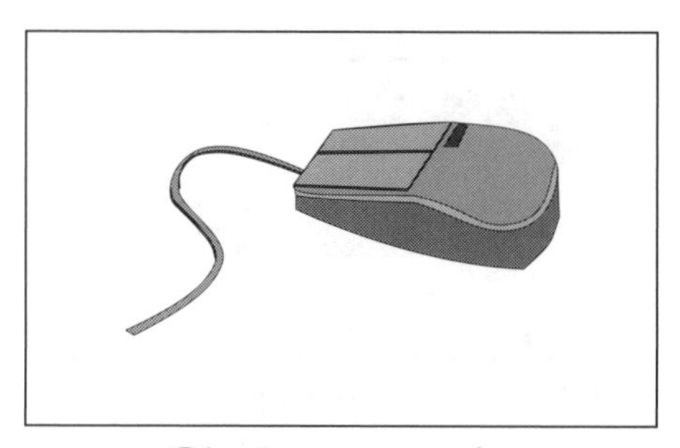

C'est une souris.

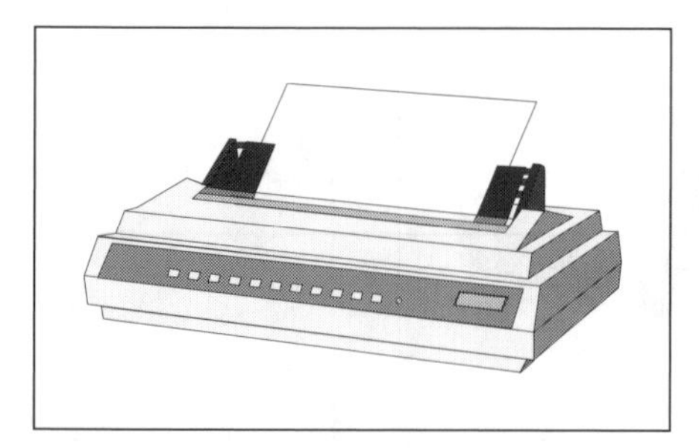

C'est une imprimante.

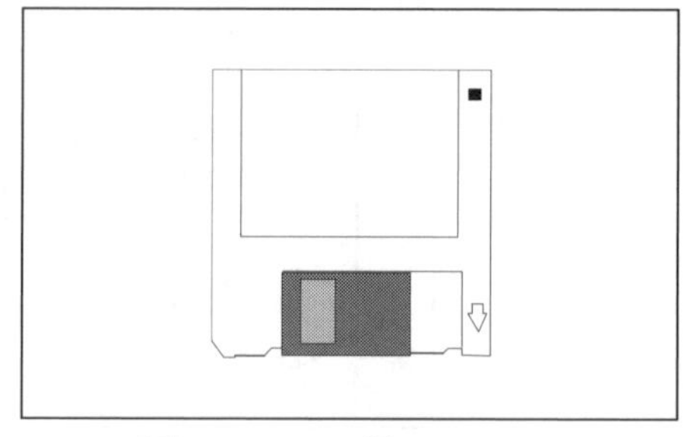

C'est une disquette.

QU'EST-CE QUE C'EST ?

C'est un stylo.

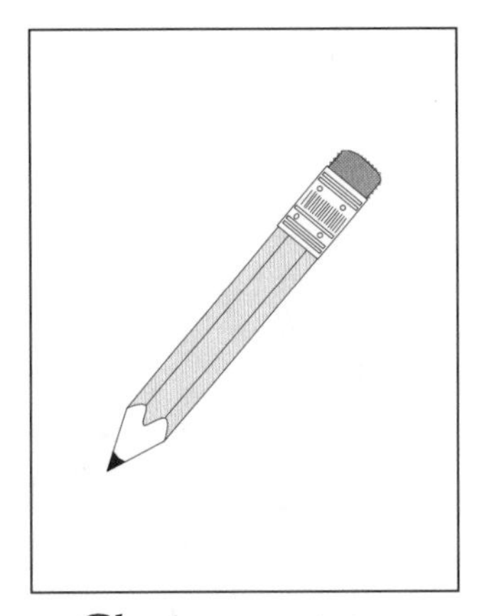

C'est un crayon.

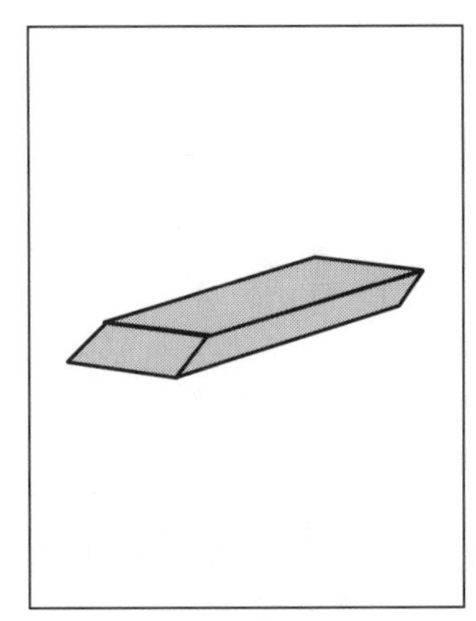

C'est une gomme à effacer.

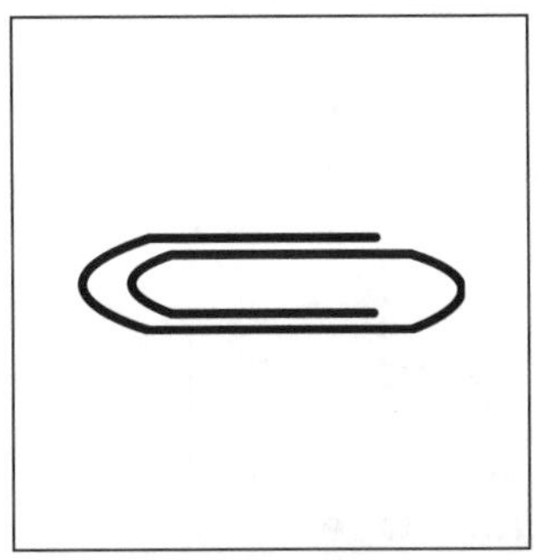

C'est un trombone.

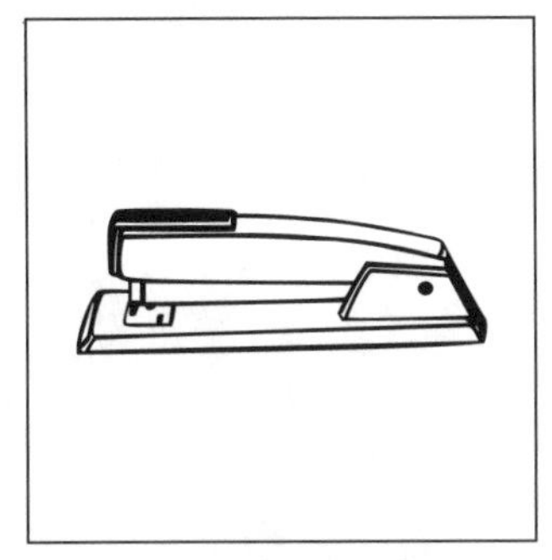

C'est une agrafeuse.

Ce sont des ciseaux.

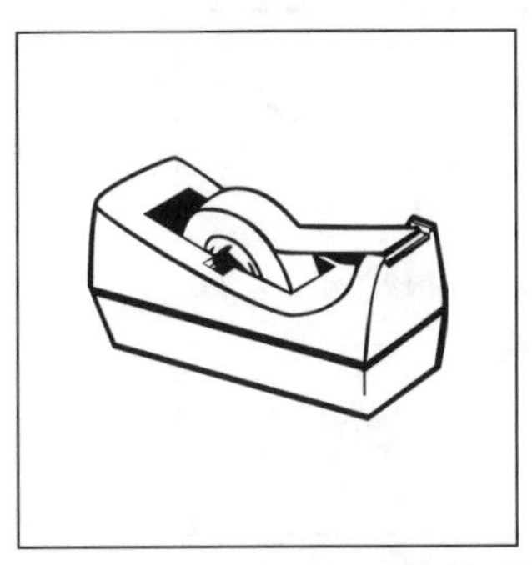

C'est du ruban adhésif.

C'est un bloc-notes.

C'est un porte-crayons.

C'est un taille-crayon.

C'est une calculatrice.

C'est une corbeille à papier.

QU'EST-CE QUE C'EST?

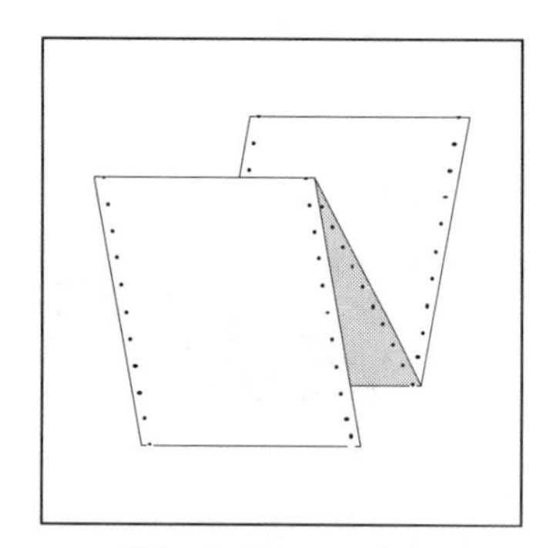

C'est du papier.

C'est une chemise.

C'est une enveloppe.

C'est une étagère.

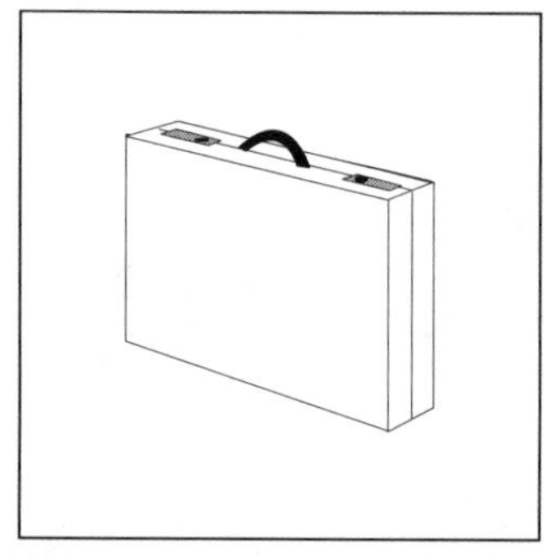

C'est un porte-documents.

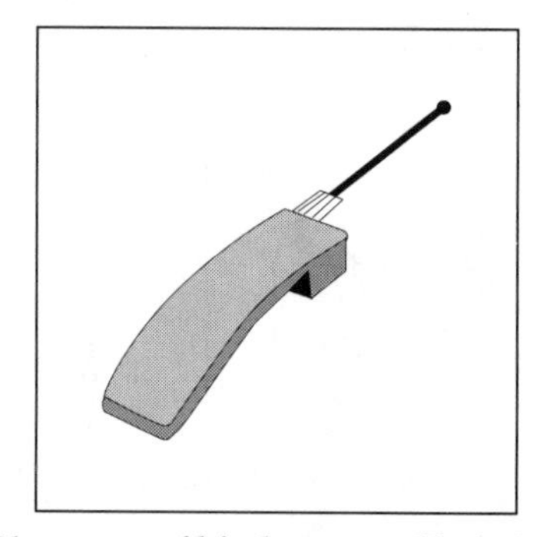

C'est un téléphone cellulaire.

EXERCICE 1 *Écrivez l'article indéfini* un *ou* une.

1. _______ classeur
2. _______ porte-crayons
3. _______ chaise
4. _______ trombone
5. _______ stylo
6. _______ gomme à effacer
7. _______ lampe
8. _______ calculatrice
9. _______ machine à écrire
10. _______ photocopieur

11. _______ répondeur
12. _______ souris
13. _______ écran
14. _______ agrafeuse
15. _______ porte-documents
16. _______ crayon

OBSERVEZ :

Qu'est-ce que c'est ?
– C'est un crayon.
↑ ↓
singulier

Qu'est-ce que c'est ?
– Ce sont des crayons.
↑ ↓
pluriel

Qu'est-ce que c'est ?
– C'est une enveloppe.
↑ ↓
singulier

Qu'est-ce que c'est ?
– Ce sont des enveloppes.
↑ ↓
pluriel

EXERCICE 2 *Répondez aux questions comme dans l'exemple.*

Exemple : Qu'est-ce que c'est ?
(une enveloppe) C'est une enveloppe.

Qu'est-ce que c'est ?

1. (un crayon) ______________________
2. (des stylos) ______________________
3. (des trombones) ______________________
4. (des ciseaux) ______________________
5. (une agrafeuse) ______________________
6. (un photocopieur) ______________________
7. (un répondeur) ______________________
8. (un porte-documents) ______________________
9. (une calculatrice) ______________________
10. (des classeurs) ______________________

LA QUESTION ET LA RÉPONSE

OBSERVEZ :

LA QUESTION

amical		respectueux	
As-tu...	• un crayon ? • une agrafeuse ?	Avez-vous...	• un crayon ? • une agrafeuse ?
ou			
Est-ce que tu as...	• un crayon ? • une agrafeuse ?	Est-ce que vous avez...	• un crayon ? • une agrafeuse ?

LA RÉPONSE

– **Oui**, certainement. Voilà...
– **Non**, je regrette.

LA QUESTION

amical	respectueux
Peux-tu me prêter... • ta calculatrice ? • tes ciseaux ?	Pouvez-vous me prêter... • votre calculatrice ? • vos ciseaux ?
ou	
Est-ce que tu peux me prêter... • ta calculatrice ? • tes ciseaux ?	Est-ce que vous pouvez me prêter... • votre calculatrice ? • vos ciseaux ?

LA RÉPONSE

– **Oui**, avec plaisir. Voilà...

amical	respectueux
– **Non**, excuse-moi mais j'ai besoin de... • ma calculatrice • mes ciseaux	– **Non**, excusez-moi mais j'ai besoin de... • ma calculatrice • mes ciseaux

AVOIR BESOIN DE

AVOIR + BESOIN + DE

Passé ←——————— Présent ———————→ Futur

Passé composé	**Présent**	**Futur immédiat**
j'ai eu	j'ai	je vais avoir
tu as eu	tu as	tu vas avoir
il/elle/on a eu	il/elle/on a	il/elle/on va avoir
nous avons eu	nous avons	nous allons avoir
vous avez eu	vous avez	vous allez avoir
ils/elles ont eu	ils/elles ont	ils/elles vont avoir

EXERCICE 3 *Répondez aux questions comme dans l'exemple.*

Exemple : As-tu besoin de tes ciseaux ?
Oui, j'ai besoin de mes ciseaux.

1. Avez-vous besoin de votre crayon ?
   Oui, j'______________________________
2. A-t-il besoin de son ordinateur ?
   Oui, ______________________________
3. A-t-elle besoin de son agrafeuse ?
   Oui, ______________________________
4. Ont-ils besoin de l'imprimante ?
   Oui, ______________________________
5. Avons-nous besoin d'enveloppes ?
   Oui, ______________________________
6. Ont-elles besoin de la calculatrice ?
   Oui, ______________________________
7. As-tu besoin de ton stylo ?
   Oui, ______________________________
8. A-t-elle besoin de son porte-documents ?
   Oui, ______________________________

EXERCICE 4 *Répondez aux questions comme dans l'exemple.*

Exemple : As-tu besoin de tes ciseaux ?
Non, je n'ai pas besoin de mes ciseaux.

1. As-tu besoin de ton ordinateur ?
   Non, ______________________________
2. A-t-il besoin de sa calculatrice ?
   Non, ______________________________
3. Avez-vous besoin de papier ?
   Non, je ______________________________
4. A-t-elle besoin de la souris ?
   Non, ______________________________
5. Ont-ils besoin de chemises ?
   Non, ______________________________
6. As-tu besoin de ton téléphone cellulaire ?
   Non, ______________________________
7. Ont-elles besoin de trombones ?
   Non, ______________________________
8. A-t-il besoin de la machine à écrire ?
   Non, ______________________________

OBSERVEZ :

As-tu un crayon ?		
– Oui, j'ai un crayon.	**ou**	Oui, j'**en** ai un.
– Non, je n'ai pas de crayon.	**ou**	Non, je n'**en** ai pas.
As-tu une agrafeuse ?		
– Oui, j'ai une agrafeuse.	**ou**	Oui, j'**en** ai une.
– Non, je n'ai pas d'agrafeuse.	**ou**	Non, je n'**en** ai pas.
As-tu du papier ?		
– Oui, j'ai du papier.	**ou**	Oui, j'**en** ai.
– Non, je n'ai pas de papier.	**ou**	Non, je n'**en** ai pas.
As-tu des trombones ?		
– Oui, j'ai des trombones.	**ou**	Oui, j'**en** ai.
– Non, je n'ai pas de trombone.	**ou**	Non, je n'**en** ai pas.

EXERCICE 5 *Répondez aux questions en utilisant* en.

1. As-tu un ordinateur ?
   Oui, ____________________

2. Avez-vous un photocopieur ?
   Oui, nous____________________

3. A-t-il une calculatrice ?
   Oui, ____________________

4. A-t-elle des enveloppes ?
   Oui, ____________________

5. Ont-ils des ciseaux ?
   Oui, ____________________

6. Veut-il un télécopieur ?
   Oui, ____________________

7. Écrit-elle des lettres ?
   Oui, ____________________

8. Utilises-tu des trombones ?
   Oui, ____________________

9. Achète-t-il des disquettes ?
   Oui, ____________________

10. Fait-elle des photocopies ?
   Oui, ____________________

EXERCICE 6 *Répondez aux questions en utilisant* en.

1. Avez-vous un télécopieur ?
   Non, nous ____________________

2. Utilise-t-il une machine à écrire ?
   Non, ____________________

3. Voulez-vous une imprimante ?
   Non, je ____________________

4. A-t-il un téléphone ?
   Non, ____________________

5. As-tu une gomme à effacer ?
   Non, ____________________

6. Ont-elles des téléphones cellulaires ?
   Non, ____________________

7. Veux-tu des chemises ?
   Non, ____________________

8. A-t-elle un porte-documents ?
   Non, ____________________

9. Voulez-vous des stylos ?
   Non, nous ____________________

10. A-t-il un porte-crayons ?
   Non, ____________________

LA QUESTION AVEC *OÙ*

Où est...
- l'agrafeuse ?
- le dossier ?
- la calculatrice ?
- le papier ?
- mon crayon ?
- mon porte-documents ?
- ma gomme à effacer ?

Où sont...
- les enveloppes ?
- les trombones ?
- les chemises ?
- les dossiers ?
- mes stylos ?

Où est l'agrafeuse ?

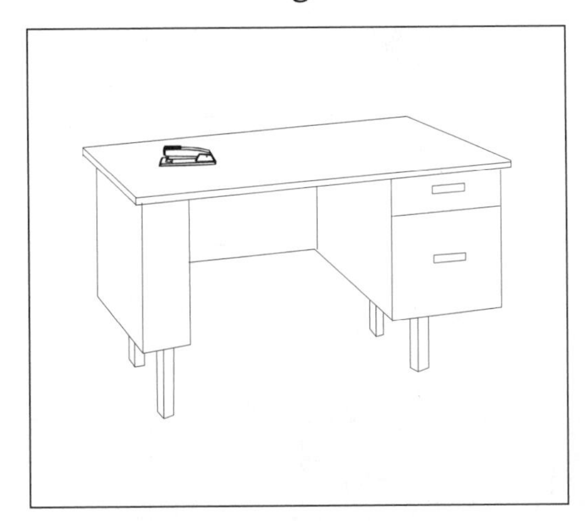

Elle est **sur** le bureau.

Où est mon crayon ?

Il est **dans** le porte-crayons.

Où est la corbeille à papier ?

Elle est **sous** le bureau.

Où est le porte-documents ?

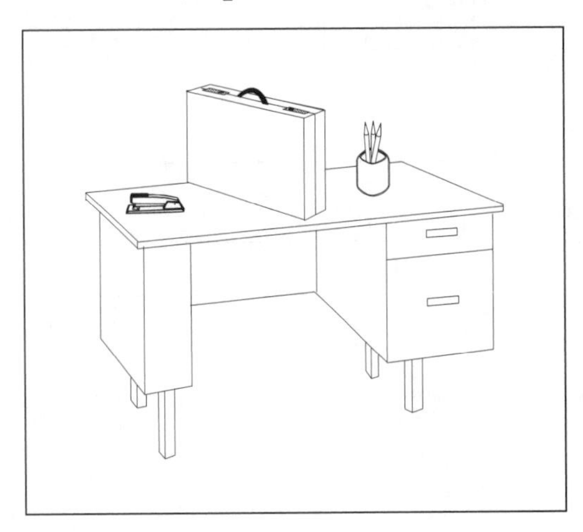

Il est **entre** l'agrafeuse et le porte-crayons.

EXERCICE 7 ***Répondez aux questions en utilisant* sur, sous, entre *ou* dans.**

Où est le crayon ?

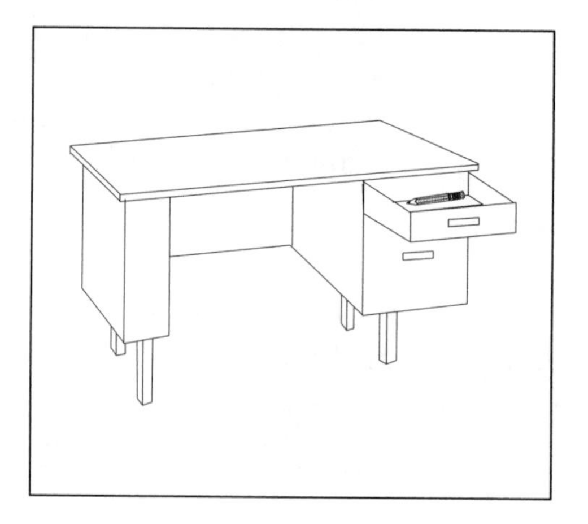

1. ______________________________

2. ______________________________

3. ______________________________

4. ______________________________

Où sont les enveloppes ?

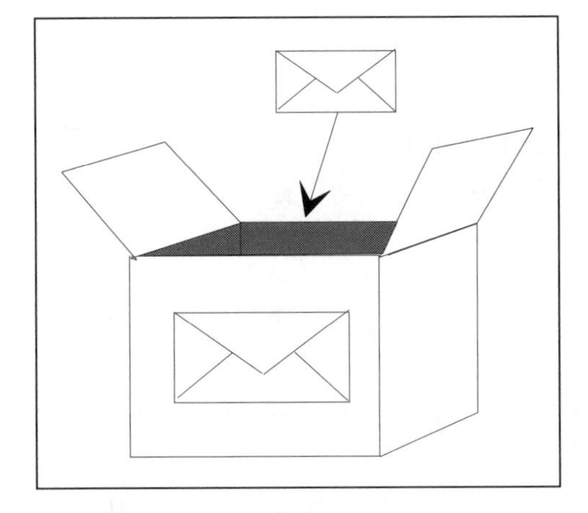

5. ______________________________

____

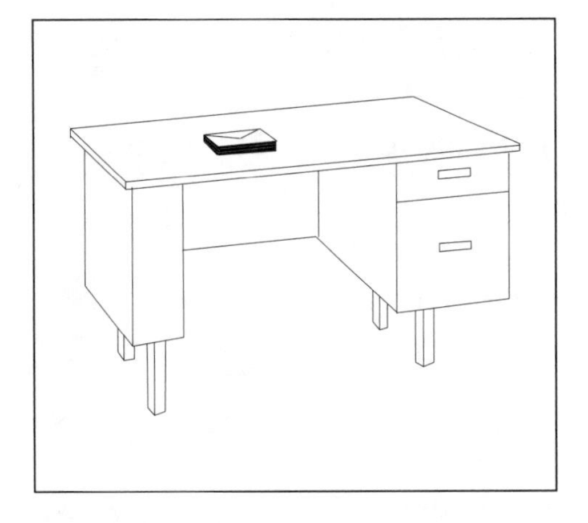

6. ______________________________

____

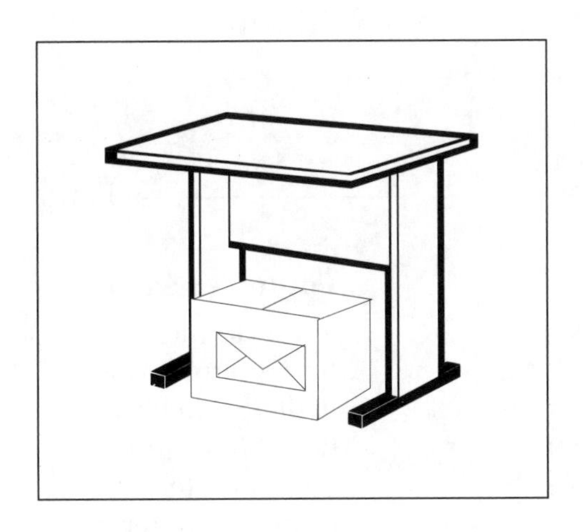

7. ______________________________

____

8. ______________________________

____

AU BUREAU...

J'ouvre et je ferme...
- des tiroirs
- des portes

Je branche et je débranche...
- le photocopieur
- l'ordinateur

OUVRIR

Passé composé	**Présent**	**Futur immédiat**
j'ai ouvert	j'ouvre	je vais ouvrir
tu as ouvert	tu ouvres	tu vas ouvrir
il/elle/on a ouvert	il/elle/on ouvre	il/elle/on va ouvrir
nous avons ouvert	nous ouvrons	nous allons ouvrir
vous avez ouvert	vous ouvrez	vous allez ouvrir
ils/elles ont ouvert	ils/elles ouvrent	ils/elles vont ouvrir

FERMER

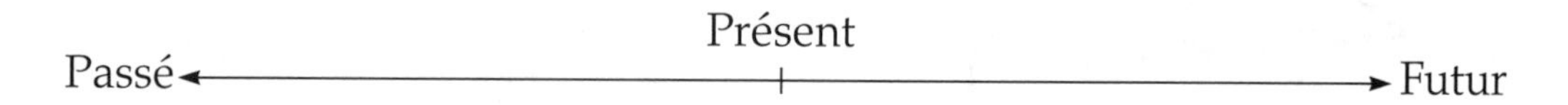

Passé composé	**Présent**	**Futur immédiat**
j'ai fermé	je ferme	je vais fermer
tu as fermé	tu fermes	tu vas fermer
il/elle/on a fermé	il/elle/on ferme	il/elle/on va fermer
nous avons fermé	nous fermons	nous allons fermer
vous avez fermé	vous fermez	vous allez fermer
ils/elles ont fermé	ils/elles ferment	ils/elles vont fermer

Pourquoi le photocopieur ne fonctionne-t-il pas?

Parce que le fil n'est pas branché.
Il est débranché.

Où branche-t-on le fil?

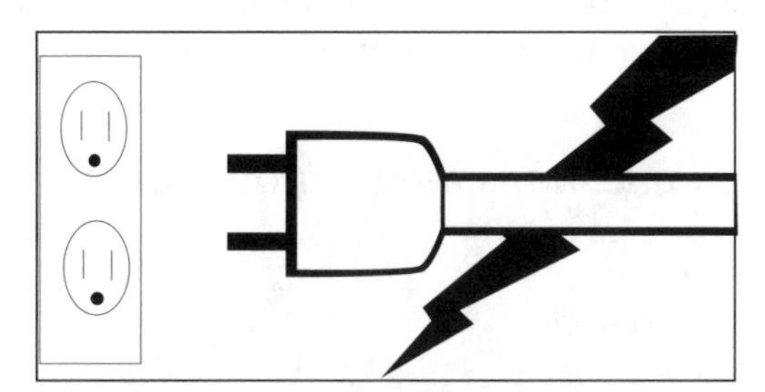

On branche le fil dans une prise de courant.

BRANCHER

Passé composé	**Présent**	**Futur immédiat**
j'ai branché	je branche	je vais brancher
tu as branché	tu branches	tu vas brancher
il/elle/on a branché	il/elle/on branche	il/elle/on va brancher
nous avons branché	nous branchons	nous allons brancher
vous avez branché	vous branchez	vous allez brancher
ils/elles ont branché	ils/elles branchent	ils/elles vont brancher

DÉBRANCHER : même modèle que **BRANCHER**

EXERCICE 8 *Lisez attentivement.*

Lucien et son café

Lucien est dans son bureau. Il va dans la cuisine. Il prend une tasse dans l'armoire. Il verse du café dans sa tasse. Il marche dans le corridor. Il ouvre la porte de son bureau. Il marche jusqu'à sa chaise. Il s'assoit sur sa chaise. Il dépose sa tasse sur son bureau. Sa tasse est entre l'agrafeuse et le téléphone. Le téléphone sonne. Lucien répond. Il parle au téléphone. Pendant qu'il parle, Lucien renverse sa tasse de café. Il dit au client : « Excusez-moi, Monsieur, mais je dois vous rappeler. » Lucien est découragé. Il y a du café partout sur son bureau. Lucien se lève, il court jusque dans la salle de bain. Il prend un rouleau de papier essuie-tout dans l'armoire, sous le lavabo. Il revient dans son bureau. Il essuie le café sur son bureau et sur ses dossiers. Quelle catastrophe !

Trouvez les questions avec* où *qui correspondent aux réponses.

Exemple : Où est Lucien ?
Il est dans son bureau.

1. ______________________________
   Il va dans la cuisine.

2. ______________________________
   Les tasses sont dans l'armoire.

3. ______________________________
   Il verse du café dans sa tasse.

4. ______________________________
   Sur sa chaise.

5. ______________________________
   Sur son bureau.

6. ______________________________
   Elle est entre l'agrafeuse et le téléphone.

7. ______________________________
   Il court vers la salle de bain.

8. ____
Il prend le rouleau de papier essuie-tout dans l'armoire.

9. ____
L'armoire est sous le lavabo.

10. ____
Il essuie le café sur son bureau et sur ses dossiers.

EXERCICE 9 *Conjuguez les verbes.*

1. Il (avoir besoin de / prés.) ____________________ papier pour le photocopieur.
2. (Brancher / passé c.) ________-tu ____________ la lampe ?
3. Ce soir, elle (fermer / fut. imm.) ____________________ le bureau.
4. Nous (ouvrir / passé c.) ____________________ la porte.
5. Ils (débrancher / prés.) ______________ le télécopieur.
6. Je (avoir besoin de / fut. imm.) ________________________ chemises.
7. Vous (ouvrir / prés.) ______________ le tiroir du classeur.
8. (Fermer / passé c.) ________-t-elle __________ la porte ?
9. Il n'(débrancher / passé c.) ______ pas ____________ l'ordinateur.
10. Elle (avoir besoin de / prés.) ____________________ enveloppes.

EXERCICE 10 *Lisez attentivement.*

Quand tout va mal !

Il est huit heures et demie. M. Legault, le patron, arrive au bureau. Il est très fatigué. Il demande à sa secrétaire, Mme Beaumont : « Madame Beaumont, avez-vous fait les photocopies pour M. Delorme ? »

(LA SECRÉTAIRE) – Non, Monsieur.

(LE PATRON) – Ah non ? Pourquoi ?

(LA SECRÉTAIRE) – Parce que le photocopieur ne fonctionne pas.

(LE PATRON) – Bon ! Avez-vous télécopié la lettre à Mme Duvernay ?

(LA SECRÉTAIRE) – Non, Monsieur.

(LE PATRON) – Et pourquoi ?

(LA SECRÉTAIRE) – Parce que le télécopieur ne fonctionne pas.

(LE PATRON) – Mais tout va mal, ce matin ! Écoutez, Madame Beaumont, j'ai un client qui va arriver bientôt. Pouvez-vous taper cette lettre, s'il vous plaît ?

(LA SECRÉTAIRE) – Non, Monsieur.

(LE PATRON) – Mais pourquoi ?

(LA SECRÉTAIRE) – Parce que la machine à écrire ne fonctionne pas.

(LE PATRON, TRÈS FÂCHÉ) – Est-ce que le téléphone fonctionne ?

(LA SECRÉTAIRE) – Oui, Monsieur.

(LE PATRON) – Bon ! Enfin quelque chose qui fonctionne ! Appelez immédiatement un réparateur pour le photocopieur, le télécopieur et la machine à écrire.

(LA SECRÉTAIRE) – Non, Monsieur.

(LE PATRON) – C'est un ordre !

(LA SECRÉTAIRE) – C'est inutile, Monsieur.

(LE PATRON) – Pourquoi dites-vous que c'est inutile ?

(LA SECRÉTAIRE) – Parce qu'il y a une panne d'électricité, Monsieur.

Répondez aux questions sur le texte.

1. Quel est le nom du patron ?

____

2. À quelle heure arrive-t-il au bureau ?

____

3. Comment est-il ?

____

4. Qui est Mme Beaumont ?

____

5. Quel est l'appareil qui fait des photocopies ?

____

6. Quel est l'appareil qui fait des télécopies ?

____

7. Qui va arriver bientôt au bureau ?

____

8. Dans l'histoire, quel est l'appareil qui fonctionne ?

____

9. Le patron veut que Mme Beaumont appelle un...

____

10. Pourquoi les appareils électriques ne fonctionnent-ils pas ?

____

THÈME 8
Les voyages

VOYAGER

(MARC) – Je veux partir en voyage !
(DANIEL) – Où veux-tu aller ?
(MARC) – Je ne sais pas. J'aime tous les voyages...

J'aime aller au bord de la mer.

J'aime aller dans les montagnes.

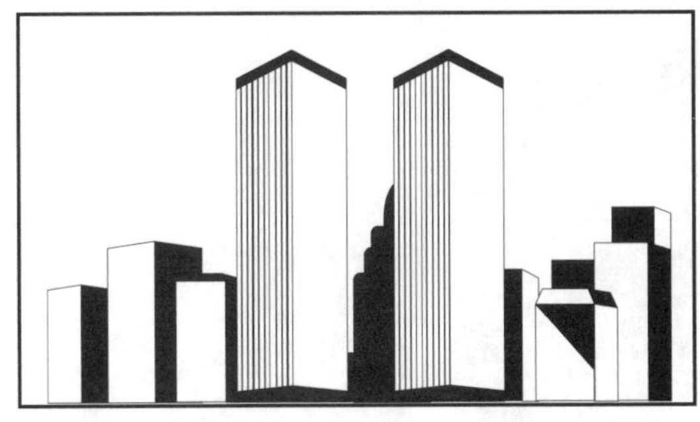

J'aime aller dans les grandes villes.

J'aime aller à la campagne.

(DANIEL) – Tu es un grand voyageur !
(MARC) – Oui ! J'aime beaucoup voyager ! Et toi ?
(DANIEL) – Moi ? Je n'aime pas beaucoup voyager. Je préfère rester à la maison.

VOULOIR – AIMER – PRÉFÉRER + INFINITIF

OBSERVEZ :

Vouloir...
Aimer...
Préférer...

- partir en voyage
- voyager
- aller (au bord de la mer, dans les montagnes, dans les grandes villes, à la campagne)
- rester à la maison

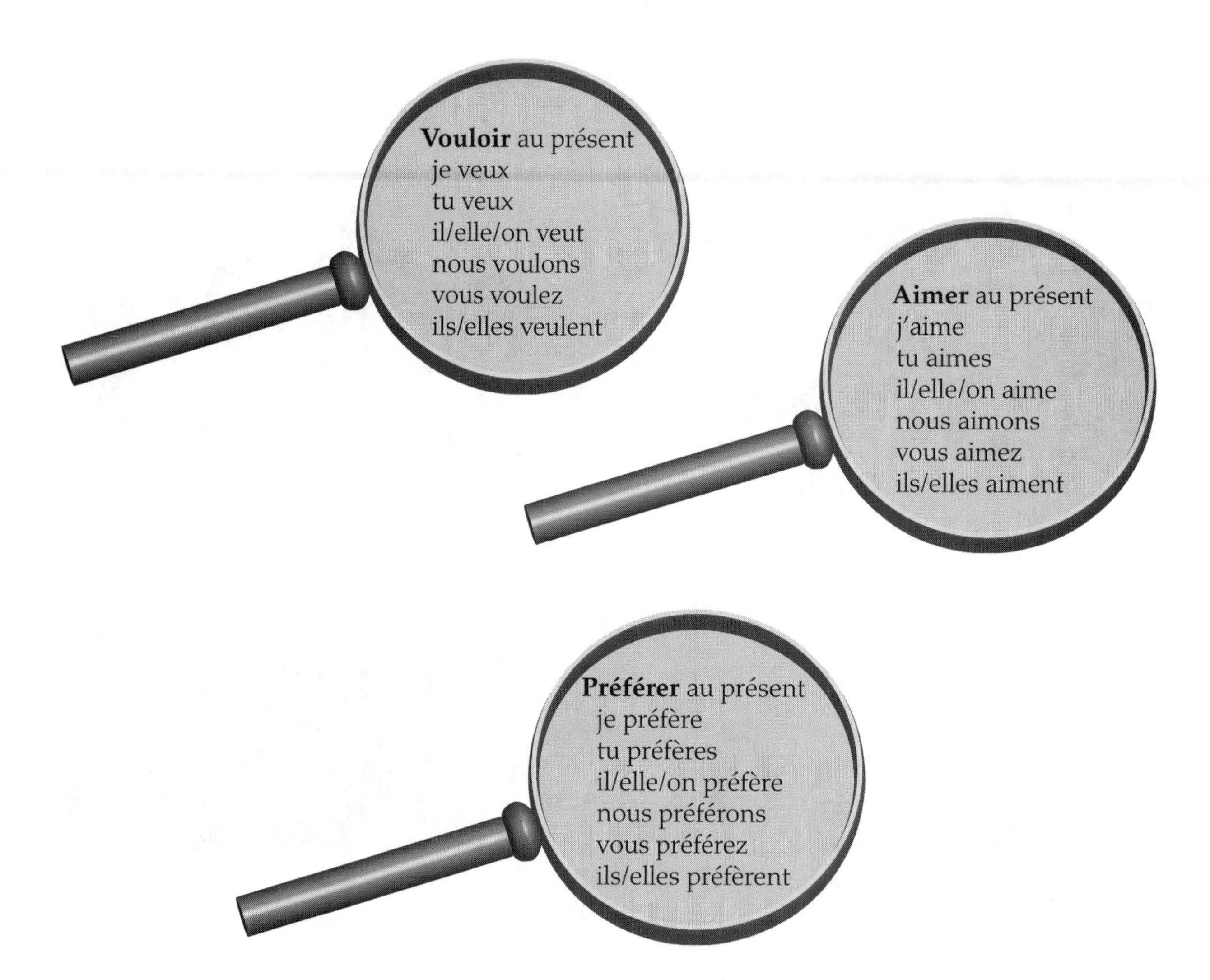

EXERCICE 1 *Répondez aux questions.*

Exemple : Veux-tu aller dans les montagnes ?
Oui, je veux aller dans les montagnes.
ou
Non, je ne veux pas aller dans les montagnes.

1. Aimes-tu voyager ?
   Oui, ______________________________

2. Préfère-t-il rester à la maison ?
   Oui, ______________________________

3. Veulent-ils partir en voyage ?
   Oui, ______________________________

4. Aimez-vous aller au bord de la mer ?
   Oui, nous______________________________

5. Préférez-vous voyager l'été ?
   Non, je ______________________________

6. Préfèrent-elles partir demain ?
   Non, ______________________________

7. Veux-tu rester à la campagne ?
   Non, ______________________________

8. Aime-t-il voyager seul ?
   Non, ______________________________

LES CINQ CONTINENTS

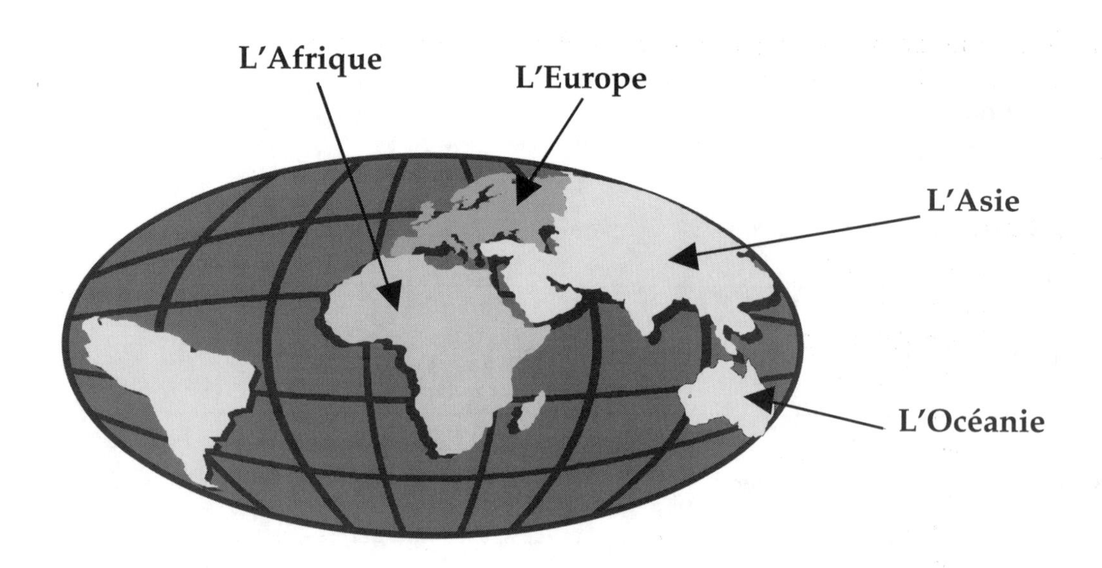

L'Amérique

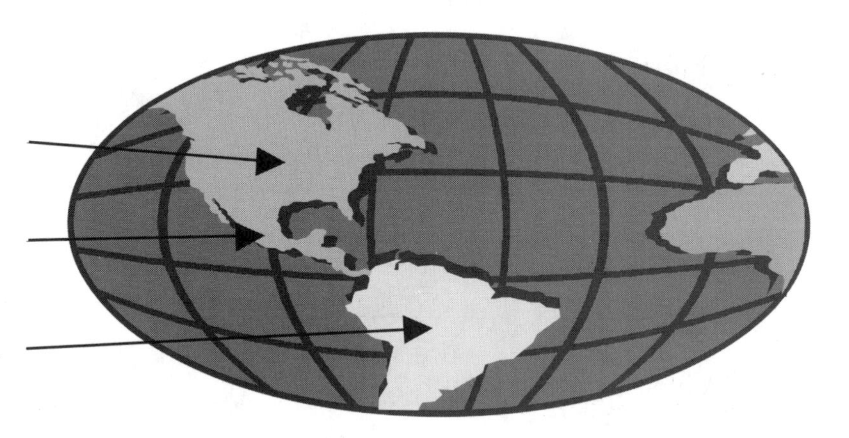

LA GRANDE VOYAGEUSE

Isabelle est une grande voyageuse. Chaque été, elle part en voyage. Isabelle a visité beaucoup de pays en Europe.

Elle est allée...

1. **en** France
2. **en** Italie
3. **en** Allemagne
4. **en** Suisse
5. **en** Autriche
6. **en** Angleterre
7. **en** Espagne
8. **en** Grèce
9. **au** Portugal
10. **au** Danemark

PARTIR en voyage

Passé ← Présent → Futur

Passé composé	**Présent**	**Futur immédiat**
je suis parti(e)	je pars	je vais partir
tu es parti(e)	tu pars	tu vas partir
il/elle/on est parti(e)	il/elle/on part	il/elle/on va partir
nous sommes partis(ies)	nous partons	nous allons partir
vous êtes partis(ies)	vous partez	vous allez partir
ils/elles sont partis(ies)	ils/elles partent	ils/elles vont partir

VISITER un pays

Passé ← Présent → Futur

Passé composé	**Présent**	**Futur immédiat**
j'ai visité	je visite	je vais visiter
tu as visité	tu visites	tu vas visiter
il/elle/on a visité	il/elle/on visite	il/elle/on va visiter
nous avons visité	nous visitons	nous allons visiter
vous avez visité	vous visitez	vous allez visiter
ils/elles ont visité	ils/elles visitent	ils/elles vont visiter

ALLER À... + un nom de lieu
AU...
EN...

Passé ← Présent → Futur

Passé composé	**Présent**	**Futur immédiat**
je suis allé(e)	je vais	je vais aller
tu es allé(e)	tu vas	tu vas aller
il/elle/on est allé(e)	il/elle/on va	il/elle/on va aller
nous sommes allés(ées)	nous allons	nous allons aller
vous êtes allés(ées)	vous allez	vous allez aller
ils/elles sont allés(ées)	ils/elles vont	ils/elles vont aller

NOTEZ :

AU et EN

AU → les pays et régions du genre masculin

→ la majorité des pays qui finissent avec une consonne
au Portugal **au** Danemark

EN → les pays et régions du genre féminin

→ la majorité des pays qui finissent avec « e »
en France **en** Italie

EXERCICE 2 ***Complétez les phrases à l'aide des informations qui suivent.***

Les capitales
Lisbonne
Madrid
Paris
Berne
Rome
Londres
Athènes
Vienne
Copenhague
Berlin

Les habitants
un Suisse / une Suisse
un Anglais / une Anglaise
un Italien / une Italienne
un Portugais / une Portugaise
un Français / une Française
un Espagnol / une Espagnole
un Danois / une Danoise
un Allemand / une Allemande
un Autrichien / une Autrichienne
un Grec / une Grecque

Les langues parlées
l'allemand
l'anglais
l'espagnol
l'italien
le français
le portugais
le grec
le danois

Les monnaies
la lire
l'escudo
le schilling
la peseta
la livre sterling
le deutsche mark
le franc français
le franc suisse
la drachme
la couronne danoise

1. La France

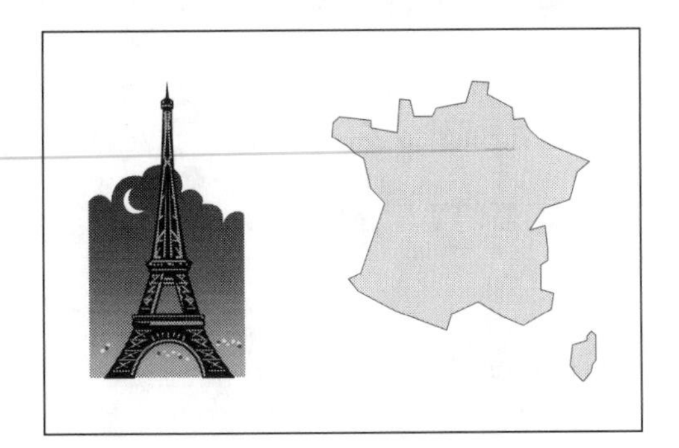

La capitale de la France est ________________

Un habitant de la France est un ________________

La langue parlée est le ________________

La monnaie est le ________________

2. L'Italie

La capitale de l'Italie est ________________

Un habitant de l'Italie est un ________________

La langue parlée est l' ________________

La monnaie est la ________________

3. L'Allemagne

La capitale de l'Allemagne est ____________

Un habitant de l'Allemagne est un ________

La langue parlée est l' ________________

La monnaie est le ____________________

4. La Suisse

La capitale de la Suisse est ____________

Un habitant de la Suisse est un__________

La langue la plus parlée est l' __________

La monnaie est le ___________________

5. L'Autriche

La capitale de l'Autriche est ____________

Un habitant de l'Autriche est un _________

La langue parlée est l' ________________

La monnaie est le ____________________

6. L'Angleterre

La capitale de l'Angleterre est__________

Un habitant de l'Angleterre est un _______

La langue parlée est l' ______________

La monnaie est la ___________________

7. L'Espagne

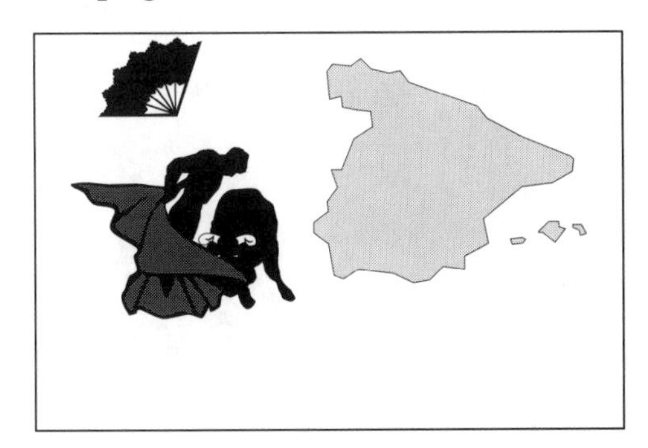

La capitale de l'Espagne est ______________

Un habitant de l'Espagne est un ______________

La langue parlée est l' ______________

La monnaie est la ______________

8. La Grèce

La capitale de la Grèce est ______________

Un habitant de la Grèce est un ______________

La langue parlée est le ______________

La monnaie est la ______________

9. Le Portugal

La capitale du Portugal est ______________

Un habitant du Portugal est un ______________

La langue parlée est le ______________

La monnaie est l' ______________

10. Le Danemark

La capitale du Danemark est ______________

Un habitant du Danemark est un ______________

La langue parlée est le ______________

La monnaie est la ______________

LES VOYAGES D'AFFAIRES

Lise est directrice de marketing. Elle fait régulièrement des voyages d'affaires au Canada.

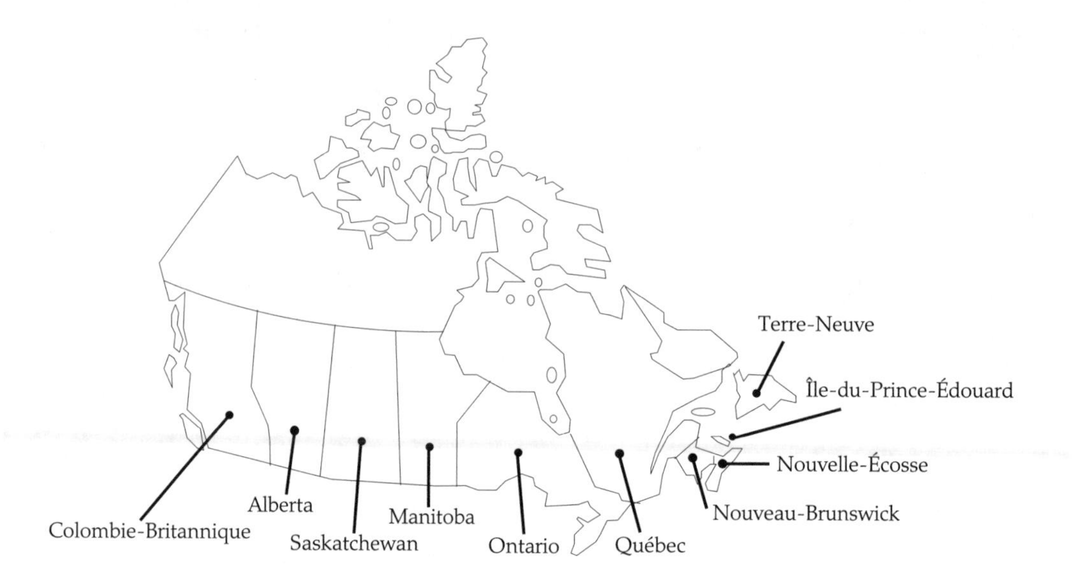

Elle rencontre des clients...

- **au** Québec
- **au** Nouveau-Brunswick
- **au** Manitoba
- **en** Ontario
- **en** Nouvelle-Écosse
- **en** Alberta
- **en** Colombie-Britannique
- **en** Saskatchewan
- **à** l'Île-du-Prince-Édouard
- **à** Terre-Neuve

NOTEZ :

À devant le nom d'une ville ou d'une île.

FAIRE un voyage d'affaires

Présent
Passé ←——————————+——————————→ Futur

Passé composé	**Présent**	**Futur immédiat**
j'ai fait	je fais	je vais faire
tu as fait	tu fais	tu vas faire
il/elle/on a fait	il/elle/on fait	il/elle/on va faire
nous avons fait	nous faisons	nous allons faire
vous avez fait	vous faites	vous allez faire
ils/elles ont fait	ils/elles font	ils/elles vont faire

RENCONTRER un client

Présent
Passé ←——————————+——————————→ Futur

Passé composé	**Présent**	**Futur immédiat**
j'ai rencontré	je rencontre	je vais rencontrer
tu as rencontré	tu rencontres	tu vas rencontrer
il/elle/on a rencontré	il/elle/on rencontre	il/elle/on va rencontrer
nous avons rencontré	nous rencontrons	nous allons rencontrer
vous avez rencontré	vous rencontrez	vous allez rencontrer
ils/elles ont rencontré	ils/elles rencontrent	ils/elles vont rencontrer

EXERCICE 3 *Associez chaque ville à une province canadienne.*

Exemple : Où est Trois-Rivières ?
Trois-Rivières est au Québec.

1. Où est Ottawa ?

____

2. Où est Winnipeg ?

____

3. Où est Fredericton ?

____

4. Où est Regina ?

____

5. Où est Vancouver ?

____

6. Où est Montréal ?

____

7. Où est Halifax ?

____

8. Où est St. John's ?

____

9. Où est Edmonton ?

____

10. Où est Charlottetown ?

____

Les préparatifs de voyage

Roger est représentant commercial et il fait souvent des voyages d'affaires aux États-Unis. Roger a visité plusieurs grandes villes des États-Unis.

Il est allé...

- à Washington
- à New York
- à Chicago
- à Boston
- à Los Angeles
- à Houston
- à San Francisco

Avant de partir en voyage, Roger fait une liste des vêtements et des articles qu'il doit apporter.

EXERCICE 4 ***À l'aide de la liste de Roger, qui suit, identifiez les vêtements et les articles qu'il met dans sa valise.***

une ceinture – des souliers – des chemises – une cravate – un chandail – un complet – des bas – des sous-vêtements – du fil et une aiguille – de la pâte dentifrice – une brosse à dents – un rasoir – du shampooing – un sèche-cheveux

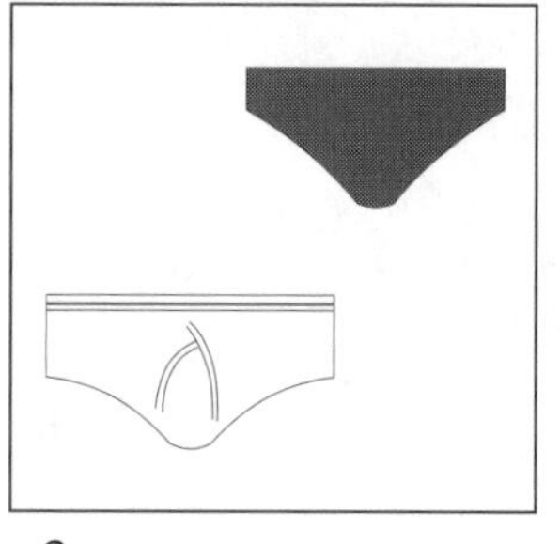
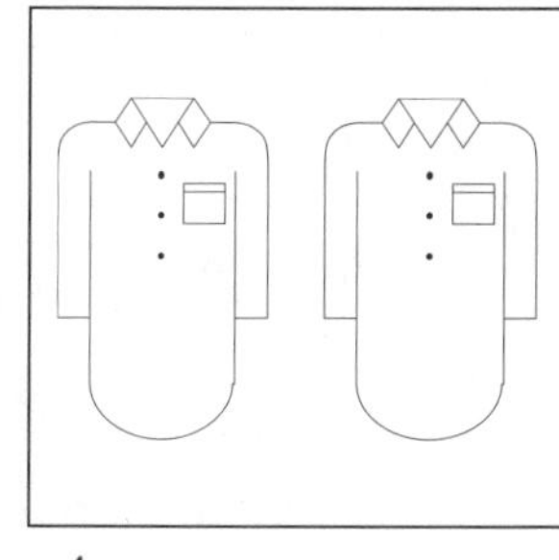

1. ______________ 2. ______________ 3. ______________ 4. ______________

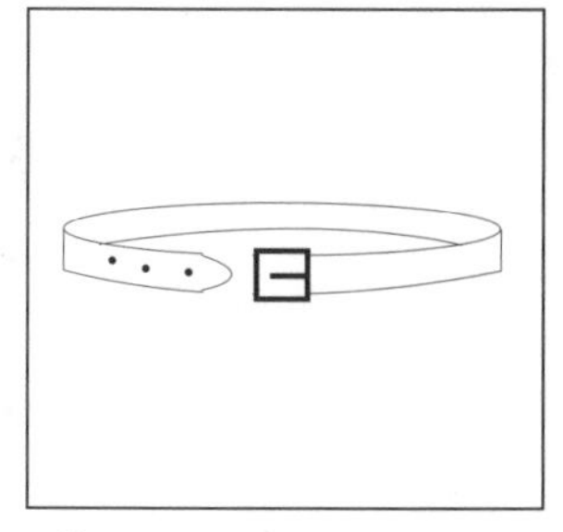

5. ______________ 6. ______________ 7. ______________ 8. ______________

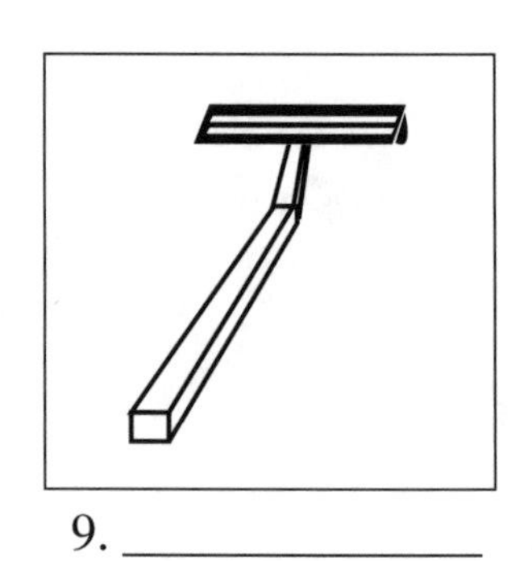

9. ______________

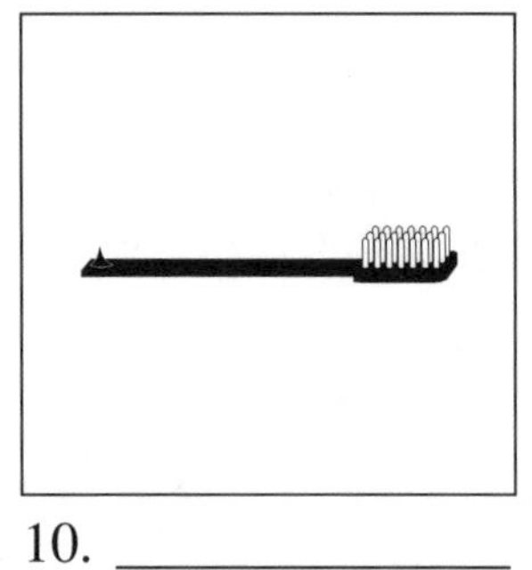

10. ______________

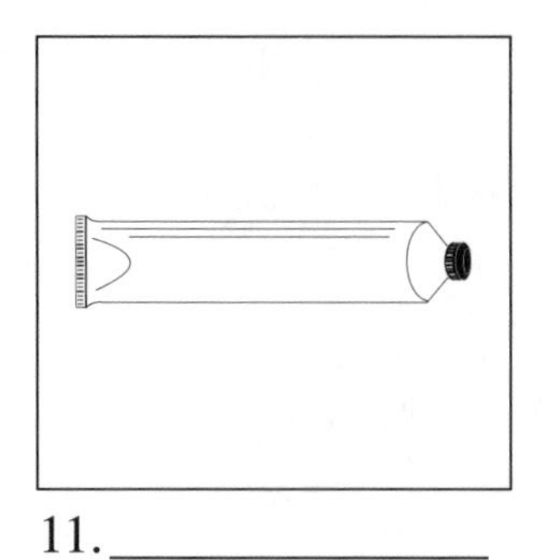

11. ______________

12. ______________

13. ______________

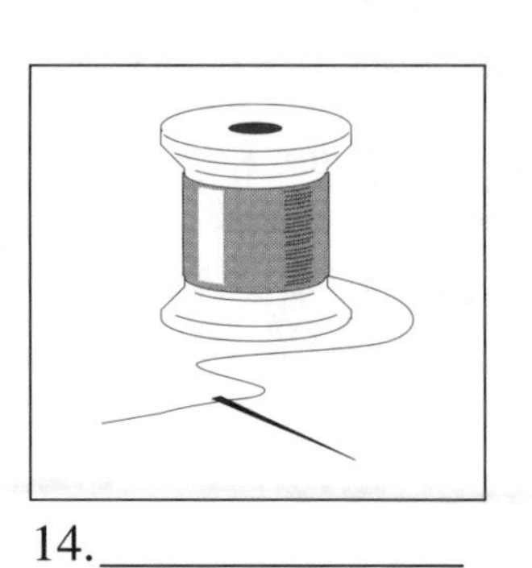

14. ______________

METTRE des choses dans une valise

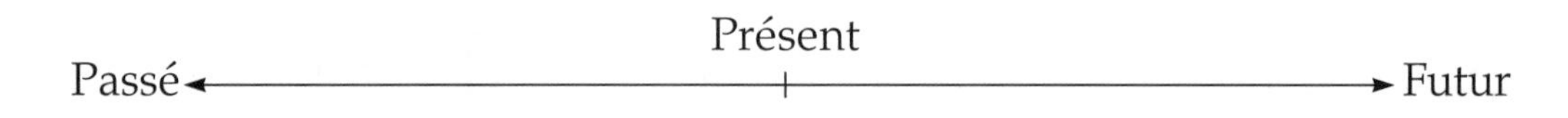

Passé composé	**Présent**	**Futur immédiat**
j'ai mis	je mets	je vais mettre
tu as mis	tu mets	tu vas mettre
il/elle/on a mis	il/elle/on met	il/elle/on va mettre
nous avons mis	nous mettons	nous allons mettre
vous avez mis	vous mettez	vous allez mettre
ils/elles ont mis	ils/elles mettent	ils/elles vont mettre

EXERCICE 5 *Conjuguez le verbe* aller *et placez* à, au *ou* en.

1. (aller / prés.) Je ______________ _____ Canada.
2. (aller / passé c.) Elle ______________ _____ Espagne.
3. (aller / fut. imm.) Il ______________ _____ Portugal.
4. (aller / passé c.) Vous ______________ _____ France.
5. (aller / passé c.) Nous ______________ _____ Grèce.
6. (aller / prés.) Ils ______________ _____ Danemark.
7. (aller / fut. imm.) Tu ______________ _____ Paris.
8. (aller / prés.) Elles ______________ _____ Allemagne.
9. (aller / fut. imm.) Je ______________ _____ Washington.
10. (aller / prés.) Vous ______________ _____ Manitoba.
11. (aller / passé c.) Elles ______________ _____ l'Île-du-Prince-Édouard.
12. (aller / fut. imm.) Il ______________ _____ Colombie-Britannique.
13. (aller / passé c.) Nous ______________ _____ Ontario.
14. (aller / prés.) Il ______________ _____ Nouveau-Brunswick.
15. (aller / fut. imm.) Elle ______________ _____ Vienne.

OBSERVEZ :

Vas-tu **au** bord de la mer ?

– Oui, j'**y** vais. – Non, je n'**y** vais pas.

Va-t-il **à** Rome ?

– Oui, il **y** va. – Non, il n'**y** va pas.

Allez-vous **en** Grèce ?

– Oui, nous **y** allons. – Non, nous n'**y** allons pas.

Vont-elles **au** Nouveau-Brunswick ?

– Oui, elles **y** vont. – Non, elles n'**y** vont pas.

Y

Y remplace un endroit.

Au **présent** et au **passé composé**, **y** est devant le verbe.

Exemples : J'**y** vais. **ou** Je n'**y** vais pas.
J'**y** suis allé. **ou** Je n'**y** suis pas allé.

Au **futur immédiat**, **y** est devant l'infinitif.

Exemple : Je vais **y** aller. **ou** Je ne vais pas **y** aller.

EXERCICE 6 *Répondez avec* y.

1. Vas-tu souvent à Montréal ?
   Oui, ______________________________
   Non, ______________________________

2. Va-t-elle souvent à Chicago ?
   Oui, ______________________________
   Non, ______________________________

3. Vas-tu au Portugal cet été ?
   Oui, ______________________________
   Non, ______________________________

4. Allez-vous en France chaque année ?
   Oui, j'______________________________
   Non, je______________________________

5. Habitent-ils en Nouvelle-Écosse ?
   Oui, ______________________________
   Non, ______________________________

6. Habitez-vous à la campagne ?
   Oui, nous______________________________
   Non, nous ______________________________

7. Va-t-elle à Rome ?
   Oui, ______________________________
   Non, ______________________________

8. Vont-ils dans les montagnes ?
   Oui, ______________________________
   Non, ______________________________

9. Allez-vous au bord de la mer ?
   Oui, nous______________________________
   Non, nous ______________________________

10. Va-t-il en Colombie-Britannique ?
    Oui, ______________________________
    Non, ______________________________

EXERCICE 7 *Utilisez* y *comme dans l'exemple.*

Exemple : Je suis allé au bord de la mer.
J'y suis allé.

1. Je suis allé en Italie.

____

2. Nous sommes allés à Vancouver.

____

3. Ils ont habité au Manitoba.

____

4. Vous êtes allé au Manitoba.

____

5. Tu as habité aux États-Unis.

____

6. Elle est allée au Danemark.

____

7. Il n'est pas allé en France.

____

8. Elles ne sont pas allées au bord de la mer.

____

9. Nous n'avons pas habité en Italie.

____

10. Vous n'êtes pas allés en Europe.

____

11. Ils ne sont pas allés en Afrique.

____

12. Je ne suis pas allé en Asie.

____

EXERCICE 8 *Répondez aux questions en utilisant* y.

1. Vas-tu aller à la campagne ?
   Oui, ______________________________
   Non, ______________________________

2. Va-t-il aller en Amérique du Sud ?
   Oui, ______________________________
   Non, ______________________________

3. Va-t-elle aller en Espagne ?
   Oui, ______________________________
   Non, ______________________________

4. Vont-ils habiter en Saskatchewan ?
   Oui, ______________________________
   Non, ______________________________

5. Vas-tu habiter à Londres ?
   Oui, ______________________________
   Non, ______________________________

6. Vas-tu aller aux États-Unis ?
   Oui, ______________________________
   Non, ______________________________

Lisez attentivement.

(MARIE) – Louise, sais-tu quoi ?
(LOUISE) – Non. Quoi ?
(MARIE) – Je pars en voyage !
(LOUISE) – Ah oui ? Où vas-tu ?
(MARIE) – Je vais au Maroc.
(LOUISE) – Chanceuse ! Quand pars-tu ?
(MARIE) – Je pars **dans** deux semaines.
(LOUISE) – As-tu réservé les billets d'avion ?
(MARIE) – Oui. J'ai réservé les billets d'avion et j'ai réservé une chambre d'hôtel **il y a** trois mois.
(LOUISE) – Combien de jours vas-tu rester au Maroc ?
(MARIE) – Je vais y rester **pendant** quinze jours.
(LOUISE) – As-tu hâte de partir ?
(MARIE) – Oui, j'ai hâte ! **Depuis** trois jours, je pense beaucoup à ce voyage.

OBSERVEZ :

IL Y A et DANS

Je suis allé au Maroc **il y a** trois mois. → passé
Je vais aller au Maroc **dans** trois mois. → futur

PENDANT

Pendant indique la durée d'un événement passé, présent ou futur.

Présent : Je veux rester au Maroc **pendant** deux semaines.
Passé composé : Je suis resté au Maroc **pendant** deux semaines.
Futur immédiat : Je vais rester au Maroc **pendant** deux semaines.

DEPUIS

Depuis indique le temps écoulé à partir d'un moment du passé.

Je suis au Maroc **depuis** deux jours.

RÉSERVER un billet d'avion / une chambre d'hôtel

Présent
Passé ← ——————————————— → Futur

Passé composé	**Présent**	**Futur immédiat**
j'ai réservé	je réserve	je vais réserver
tu as réservé	tu réserves	tu vas réserver
il/elle/on a réservé	il/elle/on réserve	il/elle/on va réserver
nous avons réservé	nous réservons	nous allons réserver
vous avez réservé	vous réservez	vous allez réserver
ils/elles ont réservé	ils/elles réservent	ils/elles vont réserver

AVOIR HÂTE (de partir en voyage)

AVOIR + HÂTE

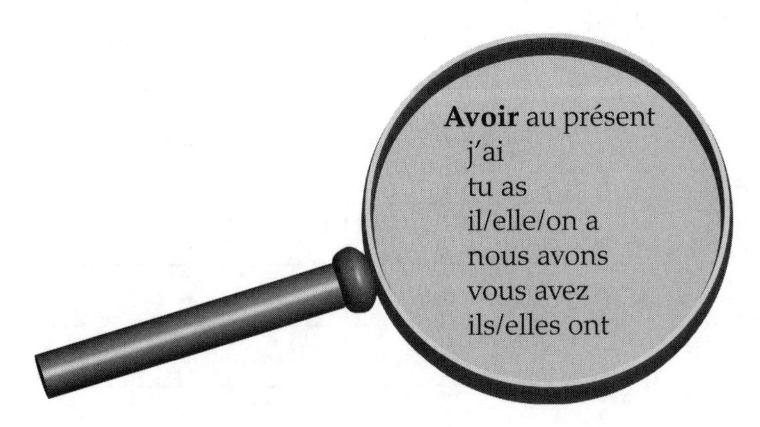

EXERCICE 9 *Conjuguez les verbes.*

Présent

1. (partir) Je ______________________
2. (rencontrer) Nous ______________________
3. (mettre) Elle ______________________
4. (voyager) Vous ______________________
5. (réserver) Elle ______________________
6. (faire) Ils ______________________
7. (partir) Nous ______________________
8. (aller) Il ______________________
9. (avoir hâte) J' ______________________
10. (visiter) Tu ______________________

Passé composé

11. (réserver) Elle ______________________
12. (voyager) Il ______________________
13. (mettre) Elles ______________________
14. (aller) Je ______________________
15. (rencontrer) Ils ______________________
16. (visiter) Nous ______________________
17. (partir) Vous ______________________
18. (mettre) Tu ______________________
19. (faire) Ils ______________________
20. (voyager) Nous ______________________

Futur immédiat

21. (partir) Je ______________________
22. (rencontrer) Vous ______________________
23. (réserver) Tu ______________________
24. (aller) Nous ______________________
25. (visiter) Elles ______________________

EXERCICE 10 *Répondez aux questions en utilisant* dans *ou* il y a.

Exemple : Quand est-elle partie ?
(deux semaines) Elle est partie il y a deux semaines.

1. Quand sont-ils partis ?
(trois jours)______________________________

2. Quand es-tu revenu ?
(une semaine) ______________________________

3. Quand êtes-vous allés en Europe ?
(deux ans) ______________________________

4. Quand vas-tu aller aux États-Unis ?
(trois semaines) ______________________________

5. Quand va-t-elle partir en voyage ?
(trois jours)______________________________

6. Quand va-t-elle revenir ?
(un mois) ______________________________

7. Quand êtes-vous revenu ?
(cinq jours) ______________________________

8. Dans combien de temps l'avion va-t-il décoller ?
(une heure) ______________________________

9. Dans combien de temps le train va-t-il arriver ?
(une demi-heure) ______________________________

10. Dans combien de temps le taxi va-t-il arriver ?
(un quart d'heure)______________________________

EXERCICE 11 *Répondez aux questions.*

1. Depuis combien de temps est-elle en Europe ?
   (trois jours) ______________________________

2. Depuis combien de temps sont-ils ici ?
   (deux jours)______________________________

3. Combien de temps veulent-ils partir ?
   (trois semaines)______________________________

4. Pendant combien de temps vont-ils rester en Europe ?
   (un mois)______________________________

5. Pendant combien de temps est-elle partie ?
   (cinq jours) ______________________________

6. Depuis combien de temps avez-vous les billets d'avion ?
   (quatre mois)______________________________

7. Depuis combien de temps sont-elles à cet hôtel ?
   (sept jours) ______________________________

8. Pendant combien de temps va-t-il rester là-bas ?
   (six semaines) ______________________________

EXERCICE 12 *Lisez attentivement.*

Le voyage de Marie

Marie est allée au Maroc pendant deux semaines. Elle est revenue à la maison la semaine passée. Aujourd'hui, elle a invité Louise à la maison. Marie et Louise sont dans la cuisine. Louise demande à Marie: « As-tu fait un beau voyage ? »

(MARIE) – Oui, j'ai fait un très beau voyage.

(LOUISE) – Est-ce que le Maroc est un beau pays ?

(MARIE) – Oui, c'est un pays merveilleux. Je suis allée au bord de la mer. Les plages sont superbes.

(LOUISE) – Quelles villes as-tu visitées ?

(MARIE) – Je suis allée à Rabat, la capitale du Maroc, je suis allée à Casablanca et je suis allée à Marrakech.

(LOUISE) – Est-ce que les Marocains sont gentils ?

(MARIE) – Oui, ils sont très gentils.

(LOUISE) – Quelle langue parlent-ils ?

(MARIE) – Les Marocains parlent deux langues: ils parlent l'arabe et ils parlent le français.

(LOUISE) – As-tu bien mangé ?

(MARIE) – Oh oui ! La nourriture est excellente. J'ai mangé du couscous. C'est très bon.

(LOUISE) – As-tu pris des photos ?

(MARIE) – Oui, j'ai pris beaucoup de photos. Veux-tu voir les photos ?

(LOUISE) – Certainement ! Où sont-elles ?

(MARIE) – Elles sont dans le salon. Viens avec moi...

Répondez aux questions sur le texte.

1. Où est allée Marie ?

 ____

2. Pendant combien de temps est-elle restée là-bas ?

 ____

3. Quand est-elle revenue à la maison ?

 ____

4. Qui a-t-elle invité à la maison ?

 ____

5. Selon Marie, comment sont les plages au Maroc ?

____

6. Quelles villes a-t-elle visitées ?

____

7. Quelle est la capitale du Maroc ?

____

8. Comment s'appellent les habitants du Maroc ?

____

9. Quel mets marocain Marie a-t-elle mangé ?

____

10. Où sont les photos de Marie ?

____

PARTIE II

Références grammaticales

1
L'alphabet français

Il y a **26 lettres** dans l'alphabet :

A B C D E F G H I J K L M N O P Q R S T U V W X Y Z

A E I O U Y sont des **voyelles**.

Les autres lettres sont des **consonnes**.

Les **voyelles** peuvent avoir des **accents** :

- **à** : « a » accent grave
- **â** : « a » accent circonflexe
- **é** : « e » accent aigu
- **è** : « e » accent grave
- **ê** : « e » accent circonflexe
- **ë** : « e » tréma
- **î** : « i » accent circonflexe
- **ï** : « i » tréma
- **ô** : « o » accent circonflexe
- **ù** : « u » accent grave
- **û** : « u » accent circonflexe
- **ü** : « u » tréma

Pourquoi mettre un accent ?

- pour le **son** — Exemple : café
- pour **différencier** deux mots — Exemple : ou – où

En français, le **« c »** peut prendre une **cédille (ç)** devant **« a »**, **« o »**, **« u »**.
« ç » indique qu'on doit le prononcer comme un **« s »** sourd.
Exemple : gar**ç**on.

EXERCICE 1 *Récrivez la lettre avec l'accent demandé.*

Exemple : « u » accent circonflexe : û

1. « e » accent aigu : ______
2. « e » accent grave : ______
3. « e » accent circonflexe : ______
4. « a » accent grave : ______
5. « o » accent circonflexe : ______
6. « u » accent circonflexe : ______
7. « u » accent grave : ______
8. « i » tréma : ______
9. « a » accent circonflexe : ______
10. « e » tréma : ______

2
Les neuf sortes de mots

Le nom L'article L'adjectif Le pronom Le verbe	**mots variables**
L'adverbe La préposition La conjonction L'interjection	**mots invariables**

3
Les noms

Le nom désigne une **chose**, une **personne** ou un **animal**.

Exemples :

CHOSES

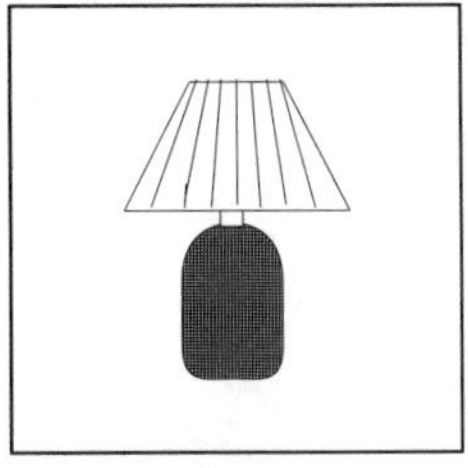
lampe

bureau

chaise

crayon

PERSONNES

homme

femme

enfant

ANIMAUX

chien

chat

oiseau

Genre : masculin ou **féminin**

Exemples : crayon (masculin singulier)
crayon**s** (masculin pluriel)

Nombre : singulier ou **pluriel**

chaise (féminin singulier)
chaise**s** (féminin pluriel)

LES NOMS AU PLURIEL

1. La majorité des noms → **nom + s**

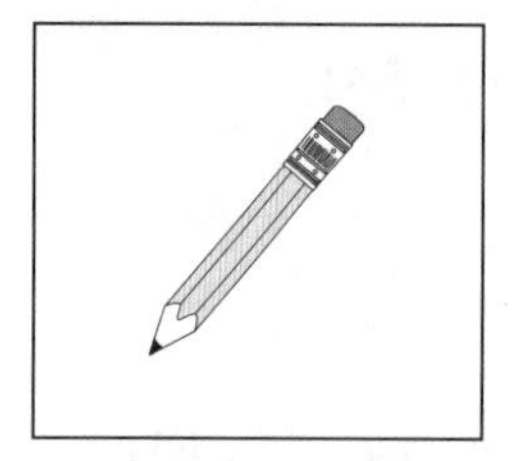

singulier: crayon

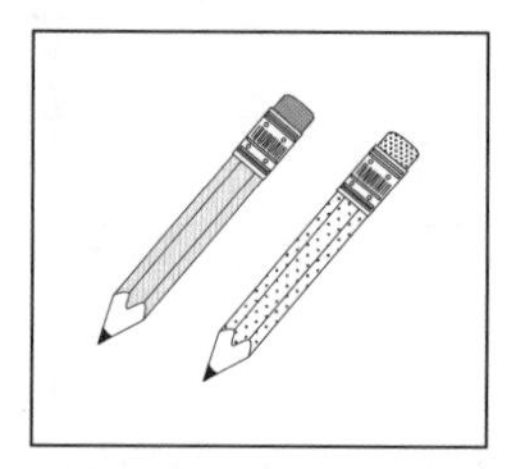

pluriel: crayon**s**

2. Les noms avec **-s**, **-x** ou **-z** au singulier → même orthographe au pluriel

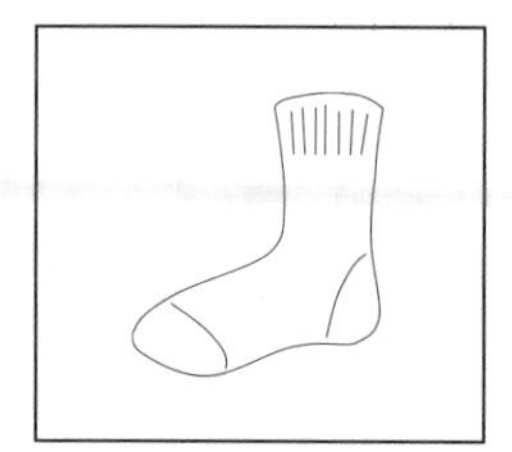

singulier: bas

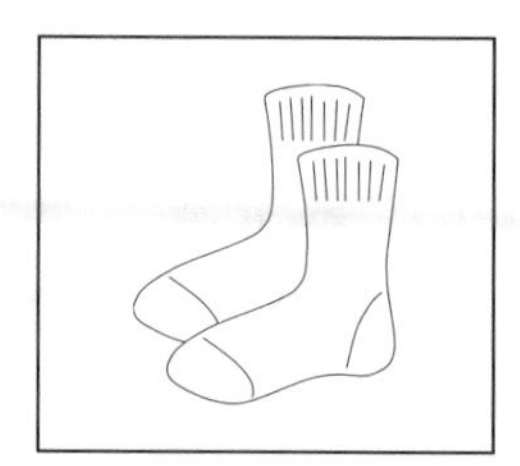

pluriel: bas

singulier: croix

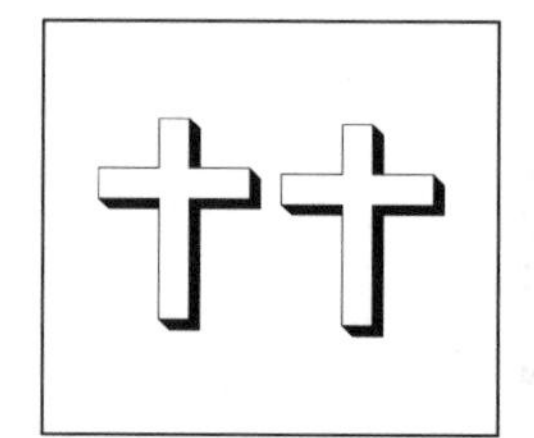

pluriel: croix

singulier: nez

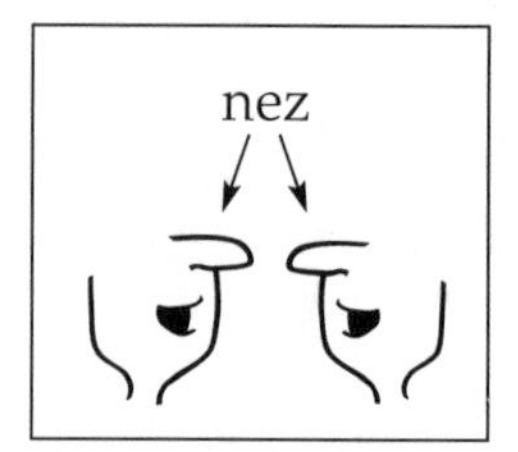

pluriel: nez

3. Les noms en **-eau** au singulier → **-eaux** au pluriel

singulier: chap**eau**

pluriel: chap**eaux**

singulier: mant**eau**

pluriel: mant**eaux**

4. La majorité des noms en **-al** au singulier → **-aux** au pluriel

singulier: journ**al**

pluriel: journ**aux**

singulier: chev**al**

pluriel: chev**aux**

5. Quelques noms → forme différente au pluriel.

singulier: œil

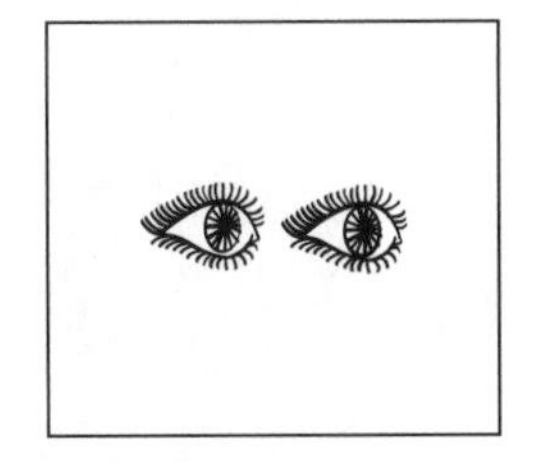

pluriel: yeux

EXERCICE 1 *Identifiez les objets d'après la liste suivante.*

fourchette – verre – couteau – tasse – cuillère – assiette – cafetière – bouteille de vin – verre à vin – théière

1. ____________

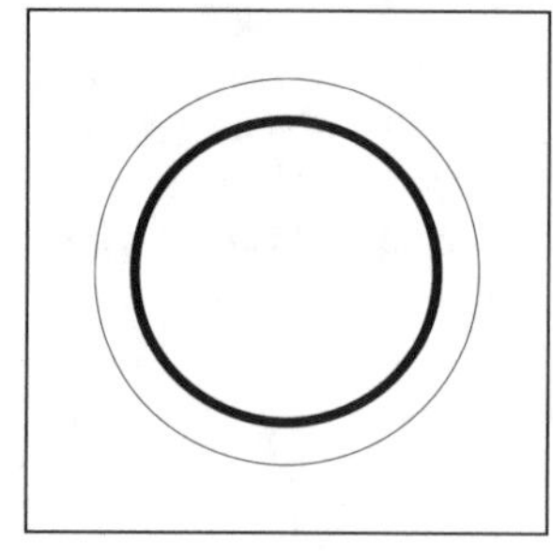

2. ____________

3. ____________

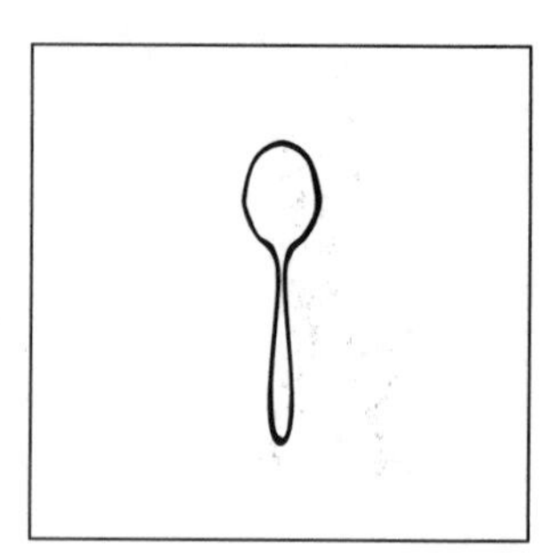

4. ____________

5. ____________

6. ____________

7. ____________

8. ____________

9. ____________

10. ____________

EXERCICE 2 *Identifiez les personnes d'après la liste suivante.*

policier – soldat – facteur – golfeur – professeur – serveur – peintre – musicien – secrétaire – mannequin – danseur

1. ____________

2. ____________

3. ____________

4. ____________

5. ____________

6. ____________

7. ____________

8. ____________

9. ____________

10. ____________

11. ____________

EXERCICE 3 *Identifiez les animaux d'après la liste suivante.*

poisson – éléphant – girafe – mouffette – tigre – lapin – vache – pingouin – ours – canard – cochon – mouton

1. ____________________

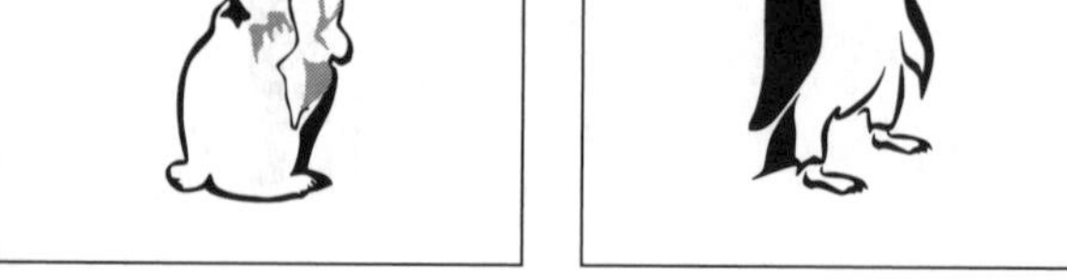
2. ____________________

3. ____________________

4. ____________________

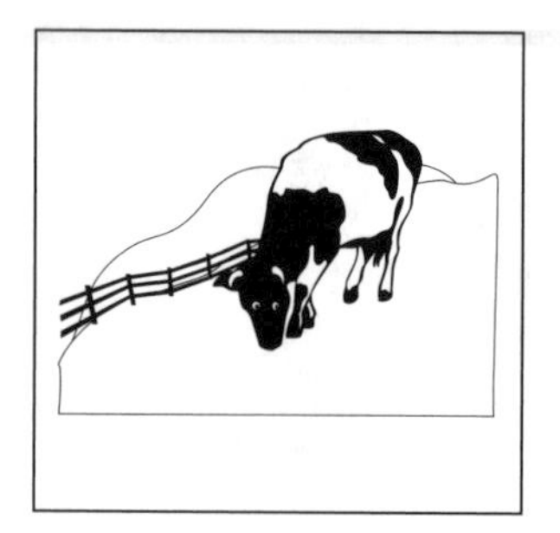
5. ____________________

6. ____________________

7. ____________________

8. ____________________

9. ____________________

10. ____________________

11. ____________________

12. ____________________

4
Les articles

L'article indique le **genre** (masculin ou féminin) et le **nombre** (singulier ou pluriel) du nom.

L'article est placé **avant** le nom. Exemples : **le** chien
un chien

LES ARTICLES DÉFINIS

	Masculin	Féminin
Singulier	le, l'*	la, l'*
Pluriel	les	les

* **l'** devant un nom qui commence par une **voyelle** ou un **h muet**

Exemples : l'**h**omme (masc. sing.) l'**o**rdinateur (masc. sing.)

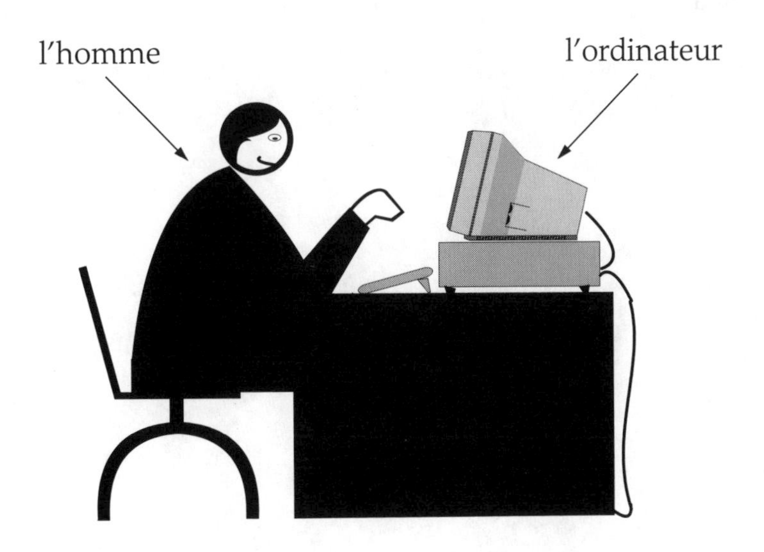

EXERCICE 1 *Trouvez, dans chaque cas, le bon article défini.*

	Singulier	Pluriel
1.	_____ chaise	_____ chaise__
2.	_____ table	_____ table__
3.	_____ bureau	_____ bureau__
4.	_____ tableau	_____ tableau__
5.	_____ fenêtre	_____ fenêtre__
6.	_____ cahier	_____ cahier__
7.	_____ crayon	_____ crayon__
8.	_____ porte	_____ porte__
9.	_____ mur	_____ mur__
10.	_____ plancher	_____ plancher__
11.	_____ ordinateur	_____ ordinateur__
12.	_____ horloge	_____ horloge__

EXERCICE 2 *Trouvez, dans chaque cas, le bon article défini.*

1. _____ bouteille
2. _____ cuillère
3. _____ couteaux
4. _____ verres
5. _____ homme
6. _____ enfants
7. _____ femme
8. _____ tables
9. _____ cahier
10. _____ murs
11. _____ tableaux
12. _____ crayons

LES ARTICLES INDÉFINIS

	Masculin	**Féminin**
Singulier	un	une
Pluriel	des	des

EXERCICE 3 ***Trouvez, dans chaque cas, le bon article indéfini.***

Singulier	**Pluriel**
1._____ homme	_____ homme__
2._____ femme	_____ femme__
3._____ robe	_____ robe__
4._____ manteau	_____ manteau__
5._____ chapeau	_____ chapeau__
6._____ soulier	_____ soulier__
7._____ jupe	_____ jupe__
8._____ pantalon	_____ pantalon__
9._____ chandail	_____ chandail__
10._____ chemise	_____ chemise__

EXERCICE 4 ***Trouvez, dans chaque cas, le bon article indéfini.***

1. _____ exercice
2. _____ crayons
3. _____ animaux
4. _____ manteau
5. _____ jupes
6. _____ chemises
7. _____ chapeau
8. _____ lampe
9. _____ question
10. _____ réponse
11. _____ leçon
12. _____ pause-café

LES ARTICLES INDÉFINIS ET LA FORME NÉGATIVE

Dans une phrase à la **forme négative**, les articles indéfinis (**un**, **une**, **des**) sont remplacés par **de** (**d'** devant une **voyelle** ou un **h muet**).

Exemples :	J'ai **un** chapeau.	**mais**	Je **n'**ai **pas de** chapeau.
	Il a **une** question.	**mais**	Il **n'**a **pas de** question.
	Vous avez **des** crayons.	**mais**	Vous **n'**avez **pas de** crayons.

EXERCICE 5 ***Mettez à la forme négative.***

1. J'ai une maison.

___

2. Il a un chat.

___

3. Vous avez des verres.

___

4. Tu as une assiette.

___

5. Il a un manteau.

___

6. Elle a des gants.

___

7. Nous avons des questions.

___

8. Ils ont des enfants.

___

9. Elle a un emploi.

___

10. Elles ont des crayons.

___

UN ARTICLE DÉFINI OU UN ARTICLE INDÉFINI ?

Je veux **une** robe.
(objet **indéfini**)

Je veux **la** robe noire.
(objet **défini**)

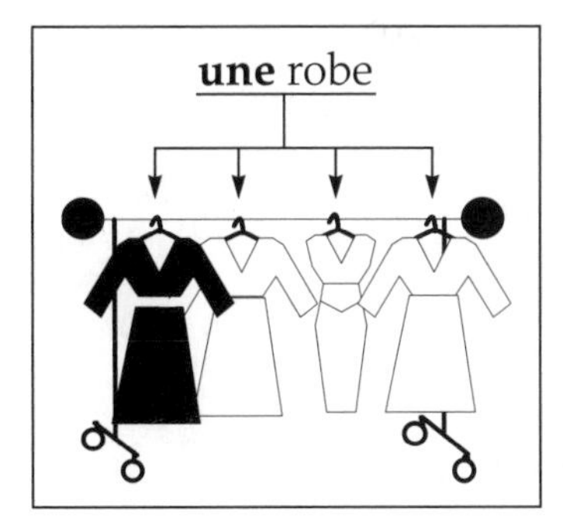

J'ai **une** maison.
(objet **indéfini**)

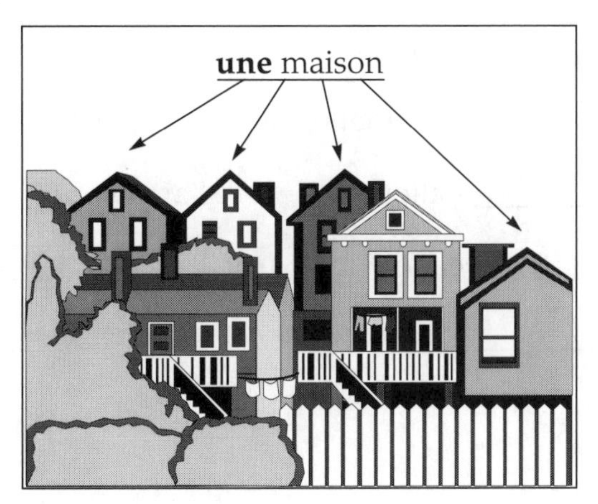

J'ai **la** maison blanche.
(objet **défini**)

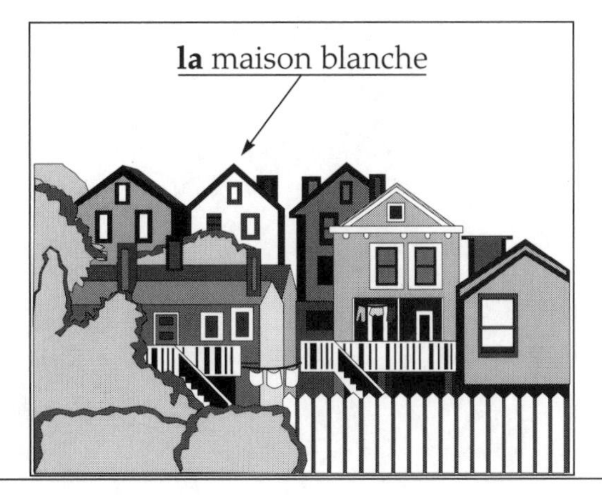

LES ARTICLES CONTRACTÉS AVEC LA PRÉPOSITION À

	Masculin	**Féminin**
Singulier	au*, à l'	à la, à l'
Pluriel	aux*	aux*

* à + le → au
à + les → aux

Exemples : Pierre est **au** bureau.
Paul est **à la** maison.
M. Dumoulin parle **aux** employés.

EXERCICE 6 *Écrivez* au, à la, à l', *ou* aux.

1. Il va ________ école.
2. Elle va ________ maternelle.
3. Tu joues ________ ballon.
4. Nous jouons ________ cartes.
5. Il a mal ________ dos.
6. Je suis ________ régime.
7. Elle a mal ________ pieds.
8. J'ai mal ________ tête.
9. Il parle ________ téléphone.
10. Ils vont ________ cinéma.

LES ARTICLES PARTITIFS

	Masculin	**Féminin**
Singulier	du*, de l'	de la, de l'
Pluriel	des*	des*

* de + le → du
de + les → des

L'article partitif est utilisé pour des **choses qui ne se comptent pas**.

Exemples : **du** sable
de l'eau

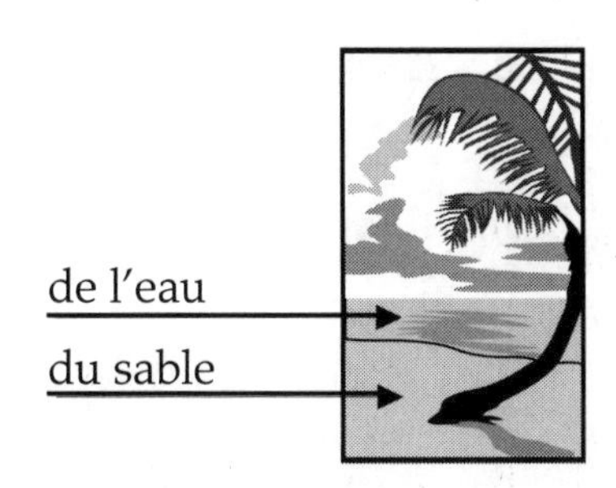

EXERCICE 7 ***Trouvez, dans chaque cas, le bon article partitif.***

1. ________ savon
2. ________ shampooing
3. ________ poudre
4. ________ eau
5. ________ papier
6. ________ encre
7. ________ pluie
8. ________ neige
9. ________ air
10. ________ argent

LES ARTICLES PARTITIFS ET LA FORME NÉGATIVE

Dans une phrase à la **forme négative**, l'article partitif (**du**, **de la**, **de l'**, **des**) est remplacé par **de** (**d'** devant une **voyelle** ou un **h muet**).

Exemples :	Il boit **de l'**eau.	**mais**	Il **ne** boit **pas d'**eau.
	Il mange **de la** viande.	**mais**	Il **ne** mange **pas de** viande.
	Il mange **des** céréales.	**mais**	Il **ne** mange **pas de** céréales.

EXERCICE 8 *Mettez à la forme négative.*

1. Il boit du café.

____

2. Il boit du jus.

____

3. Elle mange de la salade.

____

4. Il veut du pain.

____

5. Ils veulent du vin.

____

6. Elles ont du travail.

____

7. Ils ont de la difficulté.

____

8. Il tombe de la pluie.

____

9. Il y a du vent.

____

10. Elles ont de la patience.

____

5
Les adjectifs

LES ADJECTIFS QUALIFICATIFS

L'adjectif qualificatif s'accorde en **genre** (masculin ou féminin) et en **nombre** (singulier ou pluriel) avec le **nom**.

Exemples :

Pierre est grand.
masc. sing. masc. sing.

Louise est grand**e**.
fém. sing. fém. sing.

Pierre et Marc sont grand**s**.
masc. pl. masc. pl.

Louise et Anne sont grand**es**.
fém. pl. fém. pl.

Pierre et Louise sont grand**s**.
masc. sing. fém. sing. masc. pl.*

* un sujet masculin + un ou des sujets féminins → accord au masculin pluriel

LES ADJECTIFS QUALIFICATIFS AU FÉMININ

a) Beaucoup d'adjectifs qualificatifs prennent simplement un **-e** au féminin.

Exemples : Il est grand. Elle est grand**e**.
Il est prudent. Elle est prudent**e**.

EXERCICE 1 ***Donnez le féminin des adjectifs qualificatifs.***

1. petit : ____________________
2. poli : ____________________
3. grand : ____________________
4. fort : ____________________
5. distrait : ____________________
6. intelligent : ____________________
7. délicat : ____________________
8. intéressant : ____________________
9. amusant : ____________________
10. souriant : ____________________

b) Quand l'adjectif qualificatif se termine par **-e** au masculin, il ne change pas au féminin.

Exemples : Il est calme. Elle est calme.
Il est drôle. Elle est drôle.

EXERCICE 2 ***Donnez le féminin des adjectifs qualificatifs.***

1. faible : ____________________
2. pauvre : ____________________
3. honnête : ____________________
4. aimable : ____________________
5. sensible : ____________________
6. timide : ____________________
7. sincère : ____________________
8. sympathique : ____________________
9. étrange : ____________________
10. égoïste : ____________________

c) Quand l'adjectif qualificatif se termine par **-eux** au masculin, il se termine par **-euse** au féminin.

Exemples :	Il est nerveux.	Elle est nerv**euse**.
	Il est généreux.	Elle est génér**euse**.

EXERCICE 3 ***Donnez le féminin des adjectifs qualificatifs.***

1. précieux : ____________
2. peureux : ____________
3. heureux : ____________
4. malheureux : ____________
5. fiévreux : ____________
6. dispendieux : ____________
7. sérieux : ____________
8. soucieux : ____________
9. studieux : ____________
10. superstitieux : ____________

d) Quand un adjectif qualificatif se termine par **-f** au masculin, il se termine par **-ve** au féminin.

Exemples :	Il est actif.	Elle est act**ive**.
	Il est agressif.	Elle est agress**ive**.

EXERCICE 4 ***Donnez le féminin des adjectifs qualificatifs.***

1. sportif : ____________
2. inactif : ____________
3. impulsif : ____________
4. productif : ____________
5. attentif : ____________
6. naïf : ____________
7. dépressif : ____________
8. créatif : ____________
9. expressif : ____________
10. craintif : ____________

EXERCICE 5 *Accordez les adjectifs qualificatifs.*

Exemple : (sportif) Ils sont sportifs.

1. (fort) Pierre et Marc sont ______________________
2. (sensible) Louise est ______________________
3. (sympathique) Diane et Pauline sont ______________________
4. (sincère) Nous sommes ______________________
5. (studieux) Jeanne est ______________________
6. (timide) Tu es ______________________
7. (méchant) Ils sont______________________
8. (honnête) Nous sommes______________________
9. (attentif) Elles sont______________________
10. (sérieux) Ils sont______________________
11. (heureux) Lucie est ______________________
12. (craintif) Elles sont ______________________
13. (sincère) Je suis ______________________
14. (amusant) Jean et Luc sont ______________________
15. (intelligent) Viviane est ______________________

LES ADJECTIFS POSSESSIFS

Masculin singulier	**Féminin singulier**	**Masculin et féminin pluriel**
mon	ma	mes
ton	ta	tes
son	sa	ses
notre	notre	nos
votre	votre	vos
leur	leur	leurs

COMMENT UTILISER L'ADJECTIF POSSESSIF

L'adjectif possessif est masculin devant un nom masculin.

Exemple : **mon** chandail
|
masculin

L'adjectif possessif est féminin devant un nom féminin.

Exemple : **ma** jupe
|
féminin

L'adjectif possessif est pluriel devant un nom pluriel.

Exemple : **mes** souliers
|
pluriel

NOTEZ :

Ma, ta, sa deviennent **mon, ton, son** devant un **nom féminin** débutant par une **voyelle** ou un **h muet**.

Exemple : automobile (nom féminin singulier)

mon automobile
ton automobile
son automobile

EXERCICE 6 *Placez* mon, ma *ou* mes *dans les questions et placez* ton, ta *ou* tes *dans les réponses.*

Exemple : Où est mon crayon ?
Ton crayon est sur la table.

1. Où est _____ chemise ?
   _____ chemise est dans la garde-robe.
2. Où est _____ cravate ?
   _____ cravate est dans la garde-robe.
3. Où sont _____ pantalons ?
   _____ pantalons sont dans la garde-robe.
4. Où est _____ veston ?
   _____ veston est dans l'auto.
5. Où sont _____ bas ?
   _____ bas sont dans le tiroir.
6. Où est _____ manteau ?
   _____ manteau est sur la chaise.
7. Où est _____ chandail ?
   _____ chandail est dans le tiroir.
8. Où est _____ blouse ?
   _____ blouse est dans la garde-robe.
9. Où est _____ chapeau ?
   _____ chapeau est sur la table.
10. Où est _____ bague ?
    _____ bague est sur la table.
11. Où est _____ collier ?
    _____ collier est sur la table.
12. Où sont _____ boucles d'oreilles ?
    _____ boucles d'oreilles sont dans le tiroir.
13. Où est _____ montre ?
    _____ montre est sur le bureau.
14. Où sont _____ lunettes ?
    _____ lunettes sont sur le bureau.
15. Où est _____ sac à main ?
    _____ sac à main est sur la table.
16. Où est _____ portefeuille ?
    _____ portefeuille est sur le bureau.

EXERCICE 7 *Placez* son, sa *ou* ses *au bon endroit.*

1. Il cherche _____ crayons.
2. Il cherche _____ livres.
3. Elle cherche _____ cahier.
4. Elle cherche _____ dictionnaire.
5. _____ crayons sont sur _____ chaise.
6. _____ livres sont dans _____ automobile.
7. _____ cahier est dans _____ sac.
8. _____ dictionnaire est dans _____ chambre.
9. Il aime _____ emploi.
10. Il est dans _____ bureau.
11. Elle allume _____ ordinateur.
12. Elle boit dans _____ tasse.
13. Il boit dans _____ verre.
14. Il compte _____ argent.
15. Elle cherche _____ carte de crédit.
16. Il cherche _____ agenda.

EXERCICE 8 ***Placez* votre *ou* vos *dans les questions et placez* notre *ou* nos *dans les réponses.***

1. Avez-vous _____ livres ?
   Oui, nous avons _____ livres.

2. Où sont _____ crayons ?
   _____ crayons sont sur la table.

3. Quelle est _____ adresse ?
   _____ adresse est 333, rue Montagne.

4. Où sont _____ enfants ?
   _____ enfants sont à l'école.

5. Est-ce que _____ maison est en pierre ?
   Oui, _____ maison est en pierre.

6. Est-ce que _____ automobile est rouge ?
   Non, _____ automobile n'est pas rouge.

7. Faites-vous _____ exercices tous les matins ?
   Oui, nous faisons _____ exercices tous les matins.

8. Faites-vous _____ devoirs tous les soirs ?
   Oui, nous faisons _____ devoirs tous les soirs.

9. Où sont _____ tasses ?
   _____ tasses sont sur la table.

10. Qui est _____ professeur ?
    _____ professeur est M. Larose.

EXERCICE 9 *Écrivez* leur *ou* leurs.

1. Pierre et Jean parlent à _____ père.
2. Ils veulent faire une surprise à _____ mère.
3. Lucie et Sylvain aiment _____ nouvelle maison.
4. Ils n'ont pas _____ livres.
5. Les étudiants posent des questions à _____ professeur.
6. Pierre et Anne jouent avec _____ enfants.
7. Les employés veulent parler à _____ patron.
8. Ils ne font pas souvent _____ devoirs.
9. Elles prennent _____ vitamines tous les matins.
10. Ils vont au restaurant avec _____ amis.

LES ADJECTIFS DÉMONSTRATIFS

	Masculin	**Féminin**
Singulier	ce, cet	cette
Pluriel	ces	ces

LA DIFFÉRENCE ENTRE CE *ET* CET

On utilise **ce** devant un **nom masculin** qui commence par une **consonne**.

Exemple : **ce** **l**ivre
|
masculin

On utilise **cet** devant un **nom masculin** qui commence par une **voyelle** ou un **h muet**.

Exemples : **cet a**rbre
cet homme

EXERCICE 10 ***Écrivez, dans chaque cas, le bon adjectif démonstratif.***

1. _____ femme
2. _____ table
3. _____ chaise
4. _____ chandail
5. _____ bureau
6. ______ crayons
7. ______ tasses
8. ______ dictionnaire
9. ______ automobile
10. ______ exercice

EXERCICE 11 *Écrivez au singulier.*

Exemple : ces crayons : ce crayon

1. ces exercices : ____________________
2. ces questions : ____________________
3. ces travaux : ____________________
4. ces ordinateurs : ____________________
5. ces classeurs : ____________________
6. ces téléphones : ____________________
7. ces étudiants : ____________________
8. ces dictionnaires : ____________________
9. ces maisons : ____________________
10. ces personnes : ____________________

6
Les pronoms personnels sujets

Singulier

	Masculin	**Féminin**
1re personne	je	je
2e personne	tu	tu
3e personne	il	elle

Pluriel

	Masculin	**Féminin**
1re personne	nous	nous
2e personne	vous	vous
3e personne	ils	elles

ON

Pronom
3e personne
masculin singulier

Dans la conversation, très souvent, **on** = **nous**.

TU* OU *VOUS

Tu → **amical**
Vous → **poli** (Monsieur, Madame)

tu, pour
- un ami
- de la famille
- un enfant

Exemple : Comment vas-**tu** ?

vous, pour
- un client
- un étranger
- un supérieur

Exemple : Comment allez-**vous** ?

7
Les verbes

Le verbe exprime une **action** ou un **état**.

LES TROIS GROUPES DE VERBES

1er groupe	**2e groupe**	**3e groupe**
-er	**-ir** (**-issons** à la 1re personne du pluriel)	autres
modèle : aim**er**	modèle : fin**ir**	

L'UTILISATION DU PRÉSENT, DU PASSÉ COMPOSÉ ET DU FUTUR IMMÉDIAT

LA NOTION DU TEMPS

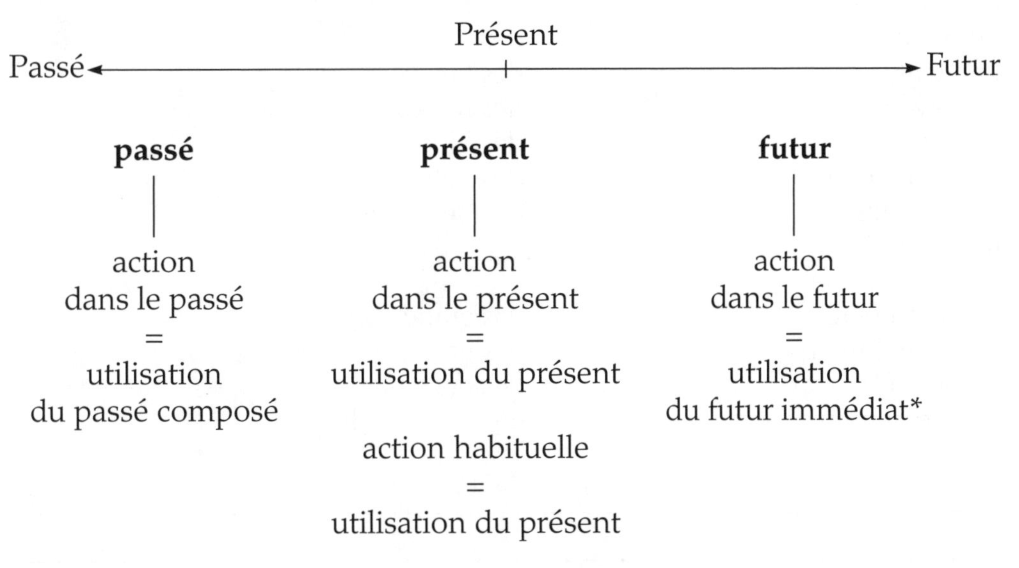

* Le futur immédiat est un temps utilisé dans la conversation.

LE PRÉSENT

LE VERBE AVOIR AU PRÉSENT

j'**ai***	nous **avons**
tu **as**	vous **avez**
il/elle/on **a**	ils/elles **ont**

* Le pronom personnel **je** devient **j'** devant une **voyelle**.

AVOIR → **possession**

j'ai....
tu as...
il a...
nous avons...
vous avez...
ils ont...
elles ont...

- une maison
- une automobile
- un emploi
- un ordinateur
- un chat
- un chien

EXERCICE 1 ***Nommez les personnes qui forment votre famille.***

Exemple : J'ai un mari, j'ai des garçons, j'ai une fille...

Singulier	**Pluriel**
un mari	
une femme	
un garçon	des garçons
une fille	des filles
un oncle	des oncles
une tante	des tantes
un neveu	des neveux
une nièce	des nièces
une belle-fille	des belles-filles
un beau-fils	des beaux-fils
un beau-père	
une belle-mère	
un grand-père	des grands-pères
une grand-mère	des grands-mères
un petit-fils	des petits-fils
une petite-fille	des petites-filles

EXERCICE 2 *Conjuguez le verbe* avoir *au présent.*

1. J' __________ un livre.
2. Il __________ une automobile.
3. Vous __________ une maison.
4. Tu __________ des crayons.
5. Nous __________ des enfants.
6. Elles __________ des cahiers.
7. Elle __________ un emploi.
8. Ils __________ des dictionnaires.
9. On __________ des chaises.
10. J' __________ un ordinateur.

LE VERBE ÊTRE *AU PRÉSENT*

je **suis**	nous **sommes**
tu **es**	vous **êtes**
il/elle/on **est**	ils/elles **sont**

ÊTRE → description, état

ÊTRE + UN NOM
+ UN ADJECTIF

Sujet masculin singulier → attribut masculin singulier

je **suis**...
- Pierre
- enseignant
- calme

tu **es**...
- Louis
- avocat
- grand

il **est**...
- Sylvain
- étudiant
- intelligent

Sujet masculin pluriel → attribut masculin pluriel

nous **sommes**...
- Pierre et Patrice
- enseignant**s**
- calme**s**

vous **êtes**...
- Louis et Marc
- avocat**s**
- grand**s**

ils **sont**...
- Sylvain et André
- étudiant**s**
- intelligent**s**

Sujet féminin singulier	→ **attribut féminin singulier**
je **suis**...	• Annie • enseignant**e** • calme
tu **es**...	• Viviane • avocat**e** • grand**e**
elle **est**...	• Louise • étudiant**e** • intelligent**e**

Sujet féminin pluriel	→ **attribut féminin pluriel**
nous **sommes**...	• Annie et Solange • enseignant**es** • calme**s**
vous **êtes**...	• Viviane et Laura • avocat**es** • grand**es**
elles **sont**...	• Louise et Ninon • étudiant**es** • intelligent**es**

NOTEZ :

ON → 3e personne du singulier, mais attribut pluriel quand **on** signifie **nous.**

Exemples: On **est** grand**s**. (sujet **masculin**)
On **est** grand**es**. (sujet **féminin**)

EXERCICE 3 ***Conjuguez le verbe* être *au présent et accordez l'attribut.***

Sujet masculin			**Sujet féminin**		
1. Je	_________	grand___	7. Je	_________	grand___
2. Tu	_________	enseignant___	8. Tu	_________	enseignant___
3. Il	_________	intelligent___	9. Elle	_________	intelligent___
4. Nous	_________	grand___	10. Nous	_________	grand___
5. Vous	_________	enseignant___	11. Vous	_________	enseignant___
6. Ils	_________	intelligent___	12. Elles	_________	intelligent___

LES VERBES DU 1ER GROUPE AU PRÉSENT

Exemple : parl**er**

je parl**e**	nous parl**ons**
tu parl**es**	vous parl**ez**
il/elle/on parl**e**	ils/elles parl**ent**

Formation du présent : radical **parl-** + terminaison **-e**
-es
-e
-ons
-ez
-ent

EXERCICE 4 *Conjuguez les verbes au présent.*

1. Aimer

______________________ ______________________
______________________ ______________________
______________________ ______________________

2. Regarder

______________________ ______________________
______________________ ______________________
______________________ ______________________

3. Écouter

______________________ ______________________
______________________ ______________________
______________________ ______________________

4. Marcher

______________________ ______________________
______________________ ______________________
______________________ ______________________

5. Demander

______________________ ______________________
______________________ ______________________
______________________ ______________________

LES VERBES DU 2E GROUPE AU PRÉSENT

Exemple : fin**ir**

je fin**is**	nous fin**issons**
tu fin**is**	vous fin**issez**
il/elle/on fin**it**	ils/elles fin**issent**

EXERCICE 5 ***Conjuguez les verbes au présent.***

1. Grandir

___________________ ___________________

___________________ ___________________

___________________ ___________________

2. Applaudir

___________________ ___________________

___________________ ___________________

___________________ ___________________

3. Bâtir

___________________ ___________________

___________________ ___________________

___________________ ___________________

4. Choisir

___________________ ___________________

___________________ ___________________

___________________ ___________________

5. Investir

___________________ ___________________

___________________ ___________________

___________________ ___________________

LES VERBES DU 3E GROUPE AU PRÉSENT

- verbe **aller**
- verbes en **-ir** qui n'ont pas **-issons** à la **1re personne du pluriel** (nous)
- verbes en **-oir**
- verbes en **-re**

Les **deux terminaisons** très utilisées au **présent sont**:

		Exemple : courir
1. je...	radical + **s**	je **cour + s**
tu...	radical + **s**	tu **cour + s**
il/elle/on...	radical + **t**	il/elle/on **cour + t**
nous...	radical + **ons**	nous **cour + ons**
vous...	radical + **ez**	vous **cour + ez**
ils/elles...	radical + **ent**	ils/elles **cour + ent**

		Exemple : ouvrir
2. je...	radical + **e**	j' **ouvr + e**
tu...	radical + **es**	tu **ouvr + es**
il/elle/on...	radical + **e**	il/elle/on **ouvr + e**
nous...	radical + **ons**	nous **ouvr + ons**
vous...	radical + **ez**	vous **ouvr + ez**
ils/elles...	radical + **ent**	ils/elles **ouvr + ent**

CINQ VERBES IRRÉGULIERS DU 3E GROUPE AU PRÉSENT

ALLER

je vais	nous allons
tu vas	vous allez
il/elle/on va	ils/elles vont

FAIRE

je fais	nous faisons
tu fais	vous faites
il/elle/on fait	ils/elles font

DEVOIR

je dois	nous devons
tu dois	vous devez
il/elle/on doit	ils/elles doivent

POUVOIR

je peux	nous pouvons
tu peux	vous pouvez
il/elle/on peut	ils/elles peuvent

VOULOIR

je veux	nous voulons
tu veux	vous voulez
il/elle/on veut	ils/elles veulent

EXERCICE 6 *Conjuguez les verbes au présent.*

1. (aller) Je ______________ au bureau.
2. (faire) Il ______________ la vaisselle.
3. (aller) Nous ______________ au magasin.
4. (aller) Elles ______________ au cinéma.
5. (faire) Vous ______________ le ménage.
6. (devoir) Je ______________ étudier.
7. (vouloir) Je ______________ lire.
8. (pouvoir) Je ______________ apprendre le français.
9. (vouloir) Ils ______________ regarder la télévision.
10. (devoir) On ______________ travailler.
11. (vouloir) Tu ______________ écouter la radio.
12. (faire) Nous ______________ du sport.
13. (aller) Tu ______________ au dépanneur.
14. (devoir) Il ______________ partir.
15. (pouvoir) Vous ______________ poser des questions.

LE PASSÉ COMPOSÉ

Formation du **passé composé :**

auxiliaire **avoir** ou **être** au présent **+ participe passé** du verbe à conjuguer

LE PARTICIPE PASSÉ

• **1er groupe** (infinitif **-er**)

participe passé = radical + -é

Exemple :
infinitif : aim**er** → participe passé = aim**é**

• **2e groupe** (infinitif **-ir** / **-issons** à la **1re pers. du pl.**)

participe passé = radical + -i

Exemple :
infinitif : fin**ir** → participe passé = fin**i**

• **3e groupe** (autres verbes)

principaux participes passés = radical + -i ; -u

Exemples :
infinitif : dorm**ir** → participe passé = dorm**i**
infinitif : ven**ir** → participe passé = ven**u**

LE VERBE AVOIR *AU PASSÉ COMPOSÉ*

j'ai eu	nous avons eu
tu as eu	vous avez eu
il/elle/on a eu	ils/elles ont eu

LE VERBE ÊTRE *AU PASSÉ COMPOSÉ*

j'ai été	nous avons été
tu as été	vous avez été
il/elle/on a été	ils/elles ont été

LES VERBES DU 1ER GROUPE AU PASSÉ COMPOSÉ

Exemple : parl**er**

j'**ai** parl**é**	nous **avons** parl**é**
tu **as** parl**é**	vous **avez** parl**é**
il/elle/on **a** parl**é**	ils/elles **ont** parl**é**

EXERCICE 7 ***Conjuguez les verbes au passé composé.***

1. Écouter

______________________ ______________________

______________________ ______________________

______________________ ______________________

2. Regarder

______________________ ______________________

______________________ ______________________

______________________ ______________________

3. Marcher

______________________ ______________________

______________________ ______________________

______________________ ______________________

LES VERBES DU 2E GROUPE AU PASSÉ COMPOSÉ

Exemple : fin**ir**

j'**ai** fin**i**	nous **avons** fin**i**
tu **as** fin**i**	vous **avez** fin**i**
il/elle/on **a** fin**i**	ils/elles **ont** fin**i**

EXERCICE 8 ***Conjuguez les verbes au passé composé.***

1. Grandir

______________________ ______________________
______________________ ______________________
______________________ ______________________

2. Applaudir

______________________ ______________________
______________________ ______________________
______________________ ______________________

3. Choisir

______________________ ______________________
______________________ ______________________
______________________ ______________________

QUELQUES VERBES IMPORTANTS DU 3^E^ GROUPE AU PASSÉ COMPOSÉ

(verbes qui se conjuguent avec l'auxiliaire avoir)

FAIRE

j'ai fait	nous avons fait
tu as fait	vous avez fait
il/elle/on a fait	ils/elles ont fait

DEVOIR

j'ai dû	nous avons dû
tu as dû	vous avez dû
il/elle/on a dû	ils/elles ont dû

POUVOIR

j'ai pu	nous avons pu
tu as pu	vous avez pu
il/elle/on a pu	ils/elles ont pu

VOULOIR

j'ai voulu	nous avons voulu
tu as voulu	vous avez voulu
il/elle/on a voulu	ils/elles ont voulu

EXERCICE 9 *Conjuguez les verbes au passé composé.*

1. (faire) J' _______________ la vaisselle.
2. (vouloir) Il _______________ dormir.
3. (devoir) Elle _______________ travailler.
4. (pouvoir) Nous _______________ lire.
5. (devoir) Vous _______________ étudier.
6. (vouloir) Tu _______________ parler.
7. (faire) Nous _______________ le ménage.
8. (devoir) Il _______________ partir.
9. (pouvoir) J' _______________ manger.
10. (faire) Elles _______________ du sport.

UNE LISTE DE VERBES TRÈS UTILISÉS QUI SE CONJUGUENT AVEC **ÊTRE** *AU PASSÉ COMPOSÉ*

- aller (p.p. : allé)
- arriver (p.p. : arrivé)
- devenir (p.p. : devenu)
- entrer (p.p. : entré)
- mourir (p.p. : mort)
- naître (p.p. : né)
- partir (p.p. : parti)
- rentrer (p.p. : rentré)
- repartir (p.p. : reparti)
- rester (p.p. : resté)
- retourner (p.p. : retourné)
- revenir (p.p. : revenu)
- sortir (p.p. : sorti)
- tomber (p.p. : tombé)
- venir (p.p. : venu)
- tous les verbes à la forme pronominale (exemple : se laver)

NOTEZ :

Pour tous les verbes qui se conjuguent avec l'auxiliaire **être**, le **participe passé** s'accorde en **genre** (masculin ou féminin) et en **nombre** (singulier ou pluriel) avec le **sujet**.

Exemple : **aller**

Sujet masculin	**Sujet féminin**
je **suis** all**é**	je **suis** all**ée**
tu **es** all**é**	tu **es** all**ée**
il/on **est** all**é**	elle **est** all**ée**
nous **sommes** all**és**	nous **sommes** all**ées**
vous **êtes** all**és**	vous **êtes** all**ées**
ils **sont** all**és**	elles **sont** all**ées**

EXERCICE 10 *Conjuguez les verbes au passé composé.*

1. Arriver

Sujet masculin	Sujet féminin
______________________	______________________
______________________	______________________
______________________	______________________
______________________	______________________
______________________	______________________
______________________	______________________

2. Partir

Sujet masculin	Sujet féminin
______________________	______________________
______________________	______________________
______________________	______________________
______________________	______________________
______________________	______________________
______________________	______________________

3. Sortir

Sujet masculin	Sujet féminin
______________________	______________________
______________________	______________________
______________________	______________________
______________________	______________________
______________________	______________________
______________________	______________________

4. Venir

Sujet masculin	Sujet féminin
______________________	______________________
______________________	______________________
______________________	______________________
______________________	______________________
______________________	______________________
______________________	______________________

LE FUTUR IMMÉDIAT

LES VERBES DU 1ER, DU 2E ET DU 3E GROUPE AU FUTUR IMMÉDIAT

Formation du **futur immédiat**:

verbe **aller** au présent + verbe à l'**infinitif**

↓ ↓

Exemples:

je vais tu vas il/elle/on va nous allons vous allez ils vont	• parler • finir • aller • voir

EXERCICE 11 ***Conjuguez les verbes au futur immédiat.***

1. Avoir

______________________ ______________________

______________________ ______________________

______________________ ______________________

2. Être

______________________ ______________________

______________________ ______________________

______________________ ______________________

3. Étudier

______________________ ______________________

______________________ ______________________

______________________ ______________________

4. Finir

______________________ ______________________

______________________ ______________________

______________________ ______________________

5. Faire

______________________ ______________________

______________________ ______________________

______________________ ______________________

LES VERBES À LA FORME PRONOMINALE

LES VERBES À LA FORME PRONOMINALE AU PRÉSENT

L'**action** est **dirigée sur le sujet**.

Le verbe à la forme **pronominale** → **utilisation de deux pronoms**

Pronoms personnels sujets		**Pronoms réfléchis**
je	+	me
tu	+	te
il/elle/on	+	se
nous	+	nous
vous	+	vous
ils/elles	+	se

À l'infinitif → **se + verbe**
Exemple : **se laver**

OBSERVEZ :

Laver la vaisselle Je lave la vaisselle.	**mais**	**Se laver** Je **me** lave.
Regarder la télévision Je regarde la télévision.	**mais**	**Se regarder** Je **me** regarde.
Couper les cheveux Elle coupe les cheveux.	**mais**	**Se couper** les cheveux Elle **se** coupe les cheveux.

EXERCICE 12 ***Trouvez, dans chaque cas, le bon pronom réfléchi.***

Exemple : je me

1. je _____	7. elle _____	13. ils _____	19. elle _____
2. tu _____	8. on _____	14. tu _____	20. je _____
3. il _____	9. elles _____	15. nous _____	21. tu _____
4. nous _____	10. tu _____	16. vous _____	22. elle _____
5. vous _____	11. il _____	17. on _____	23. vous _____
6. ils _____	12. nous _____	18. il _____	24. elles _____

EXERCICE 13 ***Conjuguez les verbes à la forme pronominale au présent.***

1. Se regarder

______________________ ______________________

______________________ ______________________

______________________ ______________________

2. Se laver

______________________ ______________________

______________________ ______________________

______________________ ______________________

3. Se coucher

______________________ ______________________

______________________ ______________________

______________________ ______________________

LES VERBES À LA FORME PRONOMINALE AU PASSÉ COMPOSÉ

Toujours l'auxiliaire être

Exemple : **se laver**

Sujet masculin	**Sujet féminin**
je me suis lavé	je me suis lavée
tu t'es lavé	tu t'es lavée
il/on s'est lavé	elle s'est lavée
nous nous sommes lavés	nous nous sommes lavées
vous vous êtes lavés	vous vous êtes lavées
ils se sont lavés	elles se sont lavées

EXERCICE 14 ***Conjuguez les verbes pronominaux au passé composé.***

1. Se regarder

Sujet masculin	Sujet féminin
__________	__________
__________	__________
__________	__________
__________	__________
__________	__________
__________	__________

2. Se coucher

Sujet masculin	Sujet féminin
__________	__________
__________	__________
__________	__________
__________	__________
__________	__________
__________	__________

LES VERBES À LA FORME PRONOMINALE AU FUTUR IMMÉDIAT

Le pronom avant l'infinitif

Exemple : **se laver**

je vais me laver	nous allons nous laver
tu vas te laver	vous allez vous laver
il/elle/on va se laver	ils/elles vont se laver

EXERCICE 15 ***Conjuguez les verbes au futur immédiat.***

1. Se regarder

______________________	______________________
______________________	______________________
______________________	______________________

2. Se coucher

______________________	______________________
______________________	______________________
______________________	______________________

8
La négation

DEUX MOTS : NE* + PAS

Exemple : Je travaille. (phrase **affirmative**)
Je **ne** travaille **pas**. (phrase **négative**)

* **ne** devient **n'** devant une **voyelle**.

Exemple : Je **n'**étudie pas.

LA NÉGATION AU PRÉSENT

ne avant le verbe conjugué
pas après le verbe conjugué

Exemple : Je **ne** parle **pas**.
↓
verbe conjugué

EXERCICE 1 *Mettez à la forme négative.*

Exemple : Il travaille.
Il ne travaille pas.

1. Tu parles.

____

2. Elle écoute.

____

3. J'étudie.

____

4. Vous travaillez.

____

5. Il dort.

____

6. Elles partent.

____

7. Vous mangez.

____

8. Nous lisons.

____

9. Ils veulent.

____

10. Je peux.

____

EXERCICE 2 *Mettez à la forme négative.*

Exemple : Elle cherche ses clés.
Elle ne cherche pas ses clés.

1. Il ferme la porte.

____

2. Elle est à la maison.

____

3. Nous faisons nos devoirs.

____

4. Il cherche son crayon.

____

5. Je suis au bureau.

____

6. Il est absent.

____

7. Elle est mariée.

____

8. Ils vont au restaurant tous les jours.

____

9. Il dit la vérité.

____

10. Elle parle quatre langues.

____

EXERCICE 3 *Répondez aux questions comme dans l'exemple.*

Exemple : Comprends-tu cet exercice ?
Non, je ne comprends pas cet exercice.

1. Aimes-tu le café ?
   Non, ______________________________

2. Parles-tu allemand ?
   Non, ______________________________

3. Est-il occupé ?
   Non, ______________________________

4. Sont-ils au magasin ?
   Non, ______________________________

5. Est-elle au téléphone ?
   Non, ______________________________

6. Parlez-vous anglais ?
   Non, nous ______________________________

7. Manges-tu au restaurant à midi ?
   Non, ______________________________

8. Habitez-vous près d'ici ?
   Non, nous ______________________________

9. Aiment-ils l'hiver ?
   Non, ______________________________

10. Aiment-elles l'été ?
    Non, ______________________________

LA NÉGATION AU PASSÉ COMPOSÉ

ne avant l'auxiliaire **avoir** ou **être**

pas après l'auxiliaire **avoir** ou **être**

Exemples : Je **n'**ai **pas** travaillé.
Je **ne** suis **pas** parti.

EXERCICE 4 *Mettez à la forme négative.*

1. Nous avons travaillé.

___

2. Elle a écouté.

___

3. Ils ont dormi.

___

4. J'ai mangé.

___

5. Tu es tombé.

___

6. Il est arrivé.

___

7. Vous avez lu.

___

8. Elles ont étudié.

___

9. J'ai fini.

___

10. Nous avons compris.

___

EXERCICE 5 *Mettez à la forme négative.*

Exemple : Tu as parlé au téléphone.
Tu n'as pas parlé au téléphone.

1. Ils ont fini leur travail.

____

2. Elle a parlé à son patron.

____

3. Ils sont allés à la réunion.

____

4. Nous avons étudié toute la soirée.

____

5. Il est parti hier.

____

6. Tu es arrivé en retard.

____

7. Elle a terminé cet exercice.

____

8. Il a payé ses comptes.

____

9. Ils ont nettoyé toute la maison.

____

10. Vous êtes allés au magasin.

____

EXERCICE 6 *Répondez aux questions comme dans l'exemple.*

Exemple : As-tu terminé ton travail ?
Non, je n'ai pas terminé mon travail.

1. As-tu lu le journal ?
   Non, ____________________
2. A-t-il téléphoné dans l'après-midi ?
   Non, ____________________
3. Est-il parti chez son client ?
   Non, ____________________
4. Êtes-vous rentrés tard ?
   Non, ____________________
5. Ont-ils assisté à la réunion ?
   Non, ____________________
6. Sont-elles parties en Europe ?
   Non, ____________________
7. Avez-vous vu mon crayon ?
   Non, je____________________
8. Avez-vous trouvé votre crayon ?
   Non, je____________________
9. A-t-il nettoyé son bureau ?
   Non, ____________________
10. Avez-vous écouté le professeur ?
    Non, nous ____________________

LA NÉGATION AU FUTUR IMMÉDIAT

ne avant le verbe **aller** conjugué au présent
pas après le verbe **aller** conjugué au présent

Exemple : Je **ne** vais **pas** travailler.

EXERCICE 7 ***Mettez à la forme négative.***

1. Tu vas écouter.

___

2. Elle va regarder.

___

3. Nous allons manger.

___

4. Ils vont étudier.

___

5. Je vais partir.

___

6. Il va travailler.

___

7. Vous allez lire.

___

8. Elles vont rester.

___

9. Je vais dormir.

___

10. Tu vas tomber.

___

EXERCICE 8 *Répondez aux questions.*

1. Vas-tu revenir tard ?

   Non, ______________________________

2. Allez-vous téléphoner à vos clients ?

   Non, nous ______________________________

3. Vont-ils étudier ce soir ?

   Non, ______________________________

4. Va-t-elle arriver bientôt ?

   Non, ______________________________

5. Va-t-il vendre sa maison ?

   Non, ______________________________

6. Allons-nous avoir la pause-café bientôt ?

   Non, ______________________________

7. Allez-vous mémoriser toutes les règles de grammaire ?

   Non, nous ______________________________

8. Va-t-il faire ses devoirs ?

   Non, ______________________________

9. Va-t-elle travailler à l'ordinateur tous les jours ?

   Non, ______________________________

10. Vont-ils déménager cette année ?

    Non, ______________________________

NE... PAS *AVEC LES VERBES À LA FORME PRONOMINALE*

AU PRÉSENT

ne avant le pronom réfléchi
pas après le verbe conjugué

Exemples : Je **ne** me couche **pas**.
Il **ne** se lève **pas**.

EXERCICE 9 ***Mettez à la forme négative.***

1. Je me regarde.

____

2. Tu te couches.

____

3. Nous nous levons.

____

4. Elle se lave.

____

5. Il se couche.

____

EXERCICE 10 ***Mettez à la forme négative.***

Exemple : (présent) ne pas se regarder
je ne me regarde pas
tu ne te regardes pas
il/elle ne se regarde pas
nous ne nous regardons pas
vous ne vous regardez pas
ils ne se regardent pas

1. (présent) ne pas se lever

je	________	nous	________
tu	________	vous	________
il/elle	________	ils/elles	________

2. (présent) ne pas se coucher

je	____________	nous	____________
tu	____________	vous	____________
il/elle	____________	ils/elles	____________

3. (présent) ne pas se réveiller

je	____________	nous	____________
tu	____________	vous	____________
il/elle	____________	ils/elles	____________

AU PASSÉ COMPOSÉ

ne avant le pronom réfléchi
pas après l'auxiliaire **être**

Exemples : Elle **ne** s'est **pas** couchée.
Vous **ne** vous êtes **pas** levés.

EXERCICE 11 *Mettez à la forme négative.*

1. Je me suis couché.

____

2. Il s'est levé.

____

3. Elles se sont regardées.

____

4. Vous vous êtes levés.

____

5. Tu t'es couché.

____

EXERCICE 12 *Répondez aux questions.*

1. T'es-tu couché tôt hier soir ?
   Non, ______________________________

2. T'es-tu levé en retard ce matin ?
   Non, ______________________________

3. S'est-il lavé ce matin ?
   Non, ______________________________

4. S'est-il rasé ce matin ?
   Non, ______________________________

5. S'est-elle maquillée ce matin ?
   Non, ______________________________

6. Vous êtes-vous reposés en fin de semaine ?
   Non, nous ______________________________

7. Se sont-ils levés à six heures ?
   Non, ______________________________

8. Se sont-elles rencontrées au restaurant ?
   Non, ______________________________

9. Se sont-ils couchés tard ?
   Non, ______________________________

10. T'es-tu levé tôt ce matin ?
    Non, ______________________________

AU FUTUR IMMÉDIAT

ne avant le verbe **aller** conjugué au présent

pas après le verbe **aller** conjugué au présent

Exemples : Tu **ne** vas **pas** te coucher.
Ils **ne** vont **pas** se lever.

EXERCICE 13 *Mettez à la forme négative.*

1. Il va se coucher.

____

2. Nous allons nous lever.

____

3. Je vais me laver.

____

4. Elle va se regarder.

____

5. Vous allez vous coucher.

____

EXERCICE 14 *Mettez à la forme négative.*

Exemple : (futur immédiat) ne pas se lever

je ne vais pas me lever	nous n'allons pas nous lever
tu ne vas pas te lever	vous n'allez pas vous lever
il/elle ne va pas se lever	ils/elles ne vont pas se lever

1. (futur immédiat) ne pas se coucher

je	____________	nous	____________
tu	____________	vous	____________
il/elle	____________	ils/elles	____________

2. (futur immédiat) ne pas s'habiller

je	____________	nous	____________
tu	____________	vous	____________
il/elle	____________	ils/elles	____________

3. (futur immédiat) ne pas se réveiller

je	____________	nous	____________
tu	____________	vous	____________
il/elle	____________	ils/elles	____________

9
La question

LA QUESTION AVEC INVERSION DU SUJET

AU PRÉSENT

OBSERVEZ :

As-tu un crayon?
/ \
verbe sujet

Est-il grand?
/ \
verbe sujet

Parlez-vous français?
/ \
verbe sujet

NOTEZ:

Quand le **verbe finit** par une **voyelle** et que le **pronom commence** par une **voyelle**, on ajoute **-t-**.

Exemples : A-**t-**il un crayon ?
Va-**t-**elle au magasin ?
Regarde-**t-**on la télévision ?

EXERCICE 1 *Trouvez les questions.*

Exemple : Nous avons des crayons.
Avons-nous des crayons ?

1. Tu regardes la télévision.

____

2. Il écoute la radio.

____

3. Elles parlent.

____

4. Vous mangez des céréales.

____

5. Ils dorment.

____

6. Elle travaille.

____

7. Vous écrivez une lettre.

____

8. Tu pars bientôt.

____

9. Vous étudiez.

____

10. Il prend des notes.

____

AU PASSÉ COMPOSÉ

OBSERVEZ :

As-tu mangé ?
/ | \
auxiliaire sujet participe passé

Sont-ils partis ?
/ | \
auxiliaire sujet participe passé

Avez-vous étudié ?
/ | \
auxiliaire sujet participe passé

EXERCICE 2 *Trouvez les questions.*

Exemple : Vous avez mangé.
Avez-vous mangé ?

1. Tu as étudié.

____

2. Elles ont écouté.

____

3. Vous êtes partis.

____

4. Elle a dormi.

____

5. Ils ont travaillé.

____

EXERCICE 3 *Trouvez les questions.*

Exemple : As-tu mangé ?
Oui, j'ai mangé.

1. ____________________
Oui, j'ai fini mon travail.

2. ____________________
Oui, il est parti.

3. ____________________
Non, il n'a pas téléphoné.

4. ____________________
Non, ils n'ont pas étudié.

5. ____________________
Oui, nous sommes allés au cinéma.

6. ____________________
Oui, nous avons rencontré des clients.

7. ____________________
Oui, j'ai envoyé mon curriculum vitæ.

8. ____________________
Non, je ne suis pas allé au magasin.

9. ____________________
Oui, j'ai acheté le journal.

10. ____________________
Non, je n'ai pas compris.

AU FUTUR IMMÉDIAT

OBSERVEZ :

Vas-tu étudier ?
/ | \
verbe *aller* **sujet** **infinitif**

Vont-elles travailler ?
/ | \
verbe *aller* **sujet** **infinitif**

Va-t-il partir ?
/ | \
verbe *aller* **sujet** **infinitif**

EXERCICE 4 *Trouvez les questions.*

Exemple : Elle va étudier.
Va-t-elle étudier ?

1. Ils vont regarder la télévision.

___

2. Tu vas travailler.

___

3. Nous allons avoir un examen.

___

4. Elle va dormir.

___

5. Vous allez partir.

___

6. Il va arriver plus tard.

___

7. Elle va revenir demain.

____

8. Ils vont poser des questions.

____

9. Elles vont assister à la réunion.

____

10. Nous allons avoir une pause-café.

____

LA QUESTION AVEC OÙ, QUAND, COMMENT, POURQUOI

	où...?	**quand... ?**	**comment... ?**	**pourquoi... ?**
Pour connaître...	le lieu	le temps	la manière	la cause

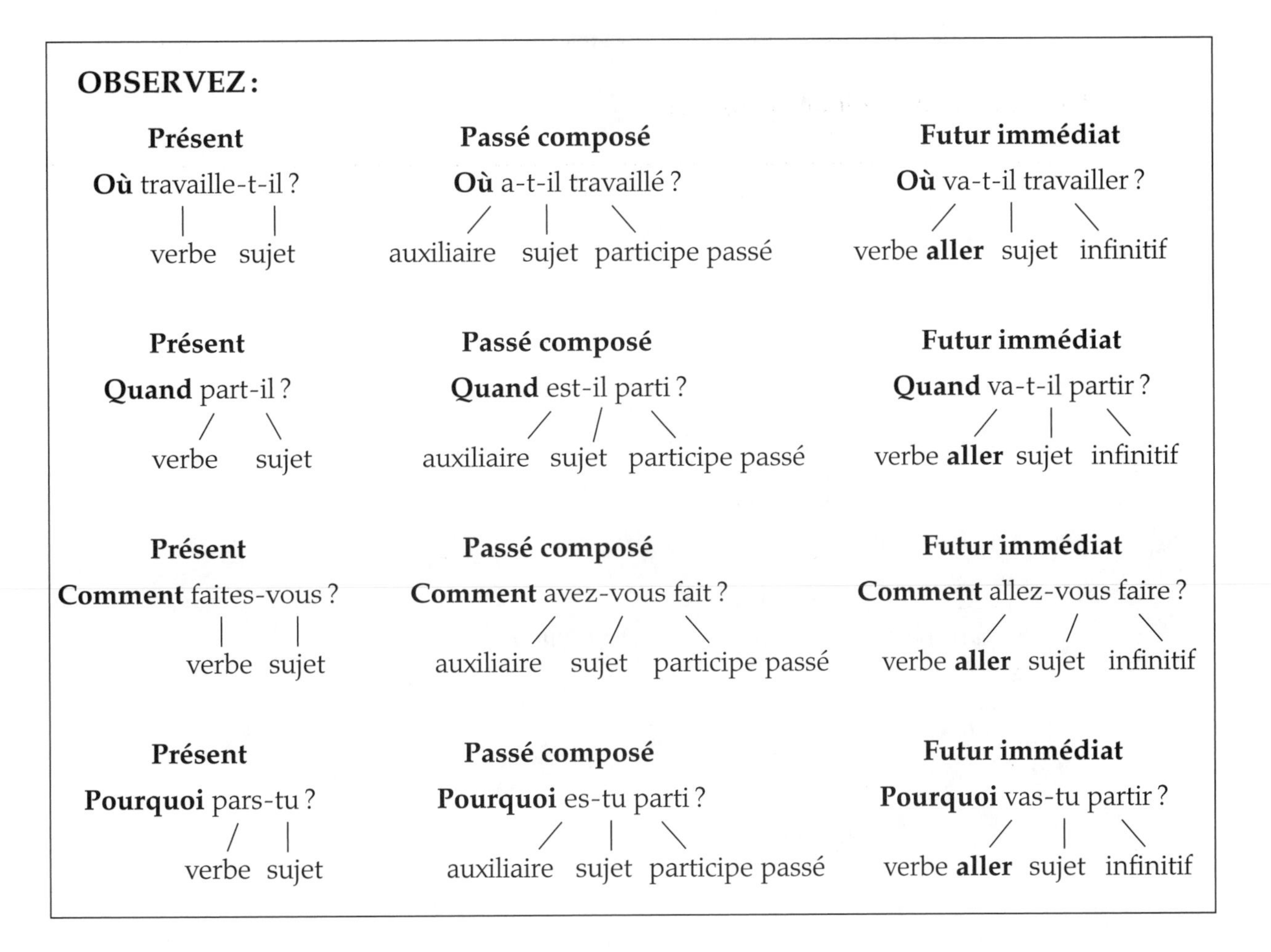

EXERCICE 5 *Choisissez* où, quand, comment *ou* pourquoi.

1. __________ vas-tu ?
   Je vais très bien.

2. ______________ est-il ?
   Il est dans son bureau.

3. ________________ est-il fâché ?
   Il est fâché parce que son automobile est en panne.

4. ____________va-t-elle revenir ?
   Elle va revenir demain.

5. _______________ travaillent-ils ?
   Ils travaillent bien.

6. _______________ es-tu fatigué ?
   Je suis fatigué parce que je manque de sommeil.

7. _______________ ouvre-t-il la fenêtre ?
   Il ouvre la fenêtre parce qu'il fait chaud.

8. ________________ est mon livre ?
   Ton livre est sur la table.

9. _________________ est-il parti ?
   Il est parti parce qu'il doit rencontrer un client.

10. __________________ est-il allé ?
    Il est allé chez un client.

11. ________________ est-il parti ?
    Il est parti il y a une heure.

12. _________________ est-il allé chez son client ?
    Il est allé chez son client en automobile.

13. ______________ va-t-il revenir ?
    Il va revenir à cinq heures.

14. ________________ vas-tu partir à deux heures ?
    Je vais partir à deux heures parce que j'ai un rendez-vous chez le dentiste.

15. __________________ va-t-elle aller au magasin ?
    Elle va aller au magasin en métro.

16. __________________ vont-ils manger à midi ?
    Ils vont manger au restaurant.

LA QUESTION AVEC QUEL

Quel : adjectif interrogatif

L'adjectif s'accorde en **genre** (masculin ou féminin) et en **nombre** (singulier ou pluriel) avec le **nom**.

	Masculin	**Féminin**
Singulier	quel	quelle
Pluriel	quels	quelles

OBSERVEZ :

Quel est ton **nom** ?
↑ ↓
masculin ← nom masculin singulier

Quel est ton **numéro de téléphone** ?
↑ ↓
masculin ← nom masculin singulier

Quelle est ton **adresse** ?
↑ ↓
féminin ← nom féminin singulier

Quelle date sommes-nous ?
↑ ↓
féminin ← nom féminin singulier

EXERCICE 6 *Faites l'accord de* quel.

1. __________ âge avez-vous ?
2. __________ est votre nom ?
3. __________ est votre adresse ?
4. __________ est votre code postal ?
5. __________ sont vos loisirs ?
6. __________ sont vos couleurs préférées ?
7. __________ langues parle-t-il ?
8. __________ est la couleur de son chandail ?
9. __________ est votre dessert favori ?
10. __________ heure est-il ?

LA QUESTION AVEC EST-CE QUE

OBSERVEZ :

Est-ce que tu travailles ?
| |
sujet verbe

Est-ce qu'elle a étudié ?
| |
sujet verbe

Est-ce qu'ils vont travailler ?
| |
sujet verbe

EXERCICE 7 *Formulez des questions comme dans l'exemple.*

Exemple : (il mange) Est-ce qu'il mange ?

1. (elle étudie) ______________________
2. (vous travaillez) ______________________
3. (tu comprends) ______________________
4. (ils sont à la maison) ______________________
5. (il fait beau) ______________________
6. (elle est partie) ______________________
7. (ils ont dormi) ______________________
8. (il a téléphoné) ______________________
9. (elle est venue) ______________________
10. (vous avez fini) ______________________
11. (vous allez venir) ______________________
12. (ils vont étudier) ______________________
13. (tu vas faire le ménage) ______________________
14. (elles vont sortir) ______________________
15. (nous allons faire une pause) ______________________

LA QUESTION AVEC QU'EST-CE QUE

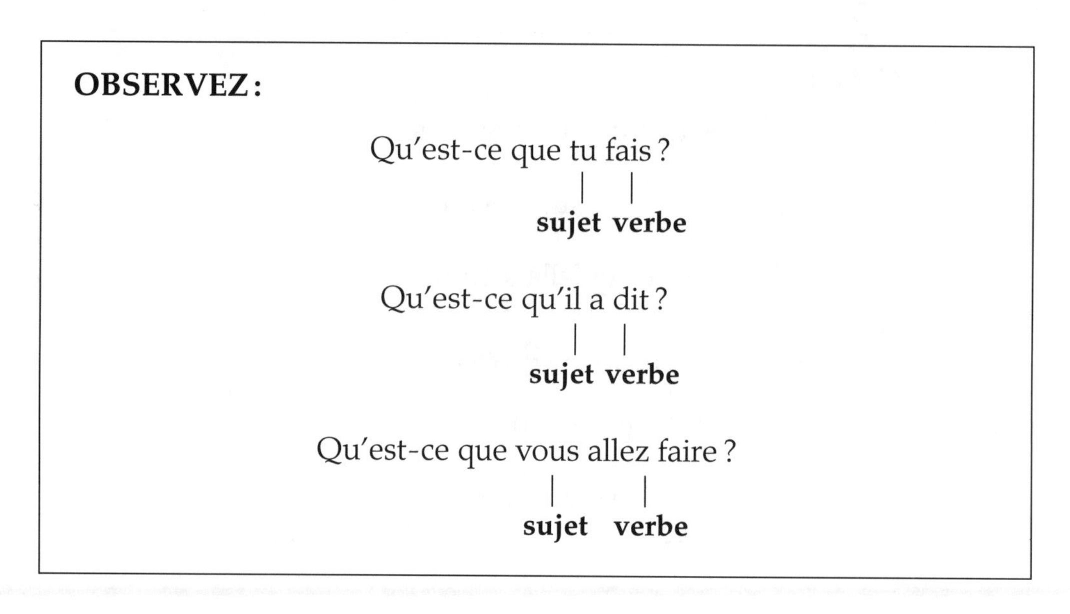

OBSERVEZ :

Qu'est-ce que tu fais ?
sujet verbe

Qu'est-ce qu'il a dit ?
sujet verbe

Qu'est-ce que vous allez faire ?
sujet verbe

EXERCICE 8 ***Trouvez les questions qui correspondent aux réponses.***

Exemple : Qu'est-ce qu'il mange ?
Il mange du pain.

1. ______________________________
Elle boit du café.

2. ______________________________
Je fais le ménage.

3. ______________________________
Je lis un livre de science-fiction.

4. ______________________________
Il prépare une lasagne.

5. ______________________________
Elles veulent parler à la directrice.

6. ______________________________
J'ai acheté du papier et des crayons.

7. ______________________________
Ils ont apporté les documents.

8. ____
   Il a nettoyé le bureau.

9. ____
   Elle a perdu ses clés.

10. ____
    Il a brisé sa montre.

11. ____
    Il va acheter des timbres et des enveloppes.

12. ____
    Nous allons manger une omelette.

13. ____
    Je vais faire la vaisselle.

14. ____
    Elles vont demander des explications.

15. ____
    Elle va dire la vérité.

PARTIE III

Corrigé

CORRIGÉ DE LA PARTIE I
Thèmes

THÈME 1 La santé

EXERCICE 2

1. des bouches
2. des dents
3. des oreilles
4. des mains
5. des doigts
6. des ventres
7. des cœurs
8. des jambes
9. des pieds
10. des cheveux
11. des yeux
12. des nez
13. des bras
14. des dos

EXERCICE 3

1. Je ne vais pas bien. J'ai mal à la tête.
2. Je ne vais pas bien. J'ai mal aux jambes.
3. Elle ne va pas bien. Elle a mal à la tête.
4. Il ne va pas bien. Il a mal aux oreilles.
5. Je ne vais pas bien. J'ai mal aux yeux.
6. Elles ne vont pas bien. Elles ont mal aux pieds.
7. Nous n'allons pas bien. Nous avons mal aux jambes.
8. Ils ne vont pas bien. Ils ont mal aux dents.

EXERCICE 4

1. Oui, elle est malade. Elle a la grippe.
2. Oui, je suis malade. J'ai le rhume.
3. Oui, ils sont malades. Ils ont la grippe.
4. Oui, je suis malade. J'ai une pneumonie.
5. Oui, elles sont malades. Elles ont le rhume.

EXERCICE 5

1. une fraise : un fruit
2. un raisin : un fruit
3. du poulet : de la volaille
4. du bœuf : de la viande
5. du céleri : un légume
6. du yogourt : un produit laitier
7. du blé : une céréale
8. une pomme : un fruit
9. du fromage : un produit laitier
10. un oignon : un légume
11. du beurre : un produit laitier
12. du saumon : du poisson
13. une framboise : un fruit
14. de la crème glacée : un produit laitier
15. un champignon : un légume

EXERCICE 6

1. une grappe de raisins
2. une poire
3. des champignons
4. des tomates
5. des oignons
6. une pomme
7. des saucisses
8. des œufs
9. un cornet de crème glacée
10. du fromage
11. un croissant
12. du gâteau
13. un épi de maïs
14. du poulet
15. du pain

EXERCICE 7

1. Elle mange des fraises.
2. Je mange un croissant.
3. Nous mangeons du poulet.
4. Ils mangent du pain.
5. On mange des framboises.
6. Elles mangent du poisson.
7. Je mange des céréales.
8. Il mange un œuf.
9. Nous mangeons du gâteau.
10. Je mange des tomates.

EXERCICE 8

1. Je bois du café.
2. Elles boivent du vin.
3. Tu bois un verre de jus d'orange.
4. Il boit une tasse de thé.
5. Elle boit du lait.
6. Ils mangent de la tarte au sucre.
7. Tu manges un morceau de gâteau au chocolat.
8. Je mange une pointe de fromage.
9. Nous mangeons du pain.
10. Vous mangez du poulet.
11. On mange du beurre d'arachide.
12. Ils mangent de la sauce aux tomates.

EXERCICE 9

1. J'ai faim.
2. Il mange.
3. Vous avez soif.
4. Elle boit.
5. Nous avons soif.
6. Il a faim.
7. J'ai soif.
8. Tu bois.
9. J'ai mangé.
10. Ils ont bu.
11. Nous avons mangé.
12. J'ai bu.
13. Nous allons manger.
14. Tu vas boire.
15. Je vais manger.
16. Elles vont boire.

EXERCICE 10

Ce matin, Anita a déjeuné à sept heures. Elle a mangé des céréales et elle a bu un verre de jus d'orange. À midi, Anita a dîné. Elle a préparé une salade. Elle a mis de la laitue, des oignons, des carottes, des tomates, du concombre et de la vinaigrette. Elle a bu un verre de jus de tomate. À six heures, Anita a soupé. Elle a mangé du poulet avec du riz. Elle a bu un verre de vin. Pour dessert, elle a mangé du gâteau et elle a bu du café.

EXERCICE 11

1. Il fait de la planche à voile.
2. Il fait de la bicyclette.
3. Il fait du ski alpin.
4. Il fait du ski de randonnée.
5. Il fait du jogging.
6. Il joue au football.
7. Ils jouent au hockey.
8. Il joue au tennis.
9. Il joue au baseball.
10. Il joue au golf.

EXERCICE 12

1. Je suis en forme.
2. Nous faisons de l'exercice.
3. Vous faites du sport.
4. Il joue au tennis.
5. Elle est en forme.
6. Nous jouons au hockey.
7. Ils font du sport.
8. Tu joues au golf.
9. J'ai joué au football.
10. Il a fait de la bicyclette.
11. Nous avons joué au golf.
12. Vous avez fait du ski alpin.
13. Ils vont faire du sport.
14. Tu vas jouer au golf.
15. Je vais faire du ski de randonnée.
16. Vous allez jouer au tennis.

EXERCICE 13

1. Je ne joue pas au golf.
2. Elle n'est pas en forme.
3. Il ne fait pas de sport.
4. Vous n'êtes pas en forme.
5. Nous n'avons pas joué au football.
6. Tu n'as pas fait de ski alpin.
7. Elles n'ont pas joué au tennis.
8. Il ne va pas jouer au tennis.
9. Elles ne vont pas faire de planche à voile.
10. Tu ne vas pas faire d'exercice.

EXERCICE 14

1. Jean-Claude ne mange pas de viande parce qu'il est végétarien.
2. Il mange des légumes, du poisson, des fruits, du pain, des céréales et des produits laitiers.
3. Il fait du jogging, il joue au tennis et il joue au hockey.
4. Jean-Claude travaille pour vivre.
5. Sylvain travaille huit heures par jour.
6. Non, Sylvain n'est pas en bonne santé.
7. Il mange un sandwich au dîner.
8. Il mange des repas surgelés au souper.
9. Non, Sylvain ne fait pas d'exercice.
10. Sylvain vit pour travailler.

THÈME 2 *Les qualités et les défauts*

EXERCICE 1

1. Marie est têtue.
2. Pierre est poli.
3. Jeanne est aimable.
4. Louise et Paul sont agressifs.
5. Lucie et Pauline sont nerveuses.
6. Viviane est attentive.
7. Alain et Marc sont calmes.
8. Luc et Maria sont obéissants.
9. Ronald est ponctuel.
10. Jacques et Lucien sont honnêtes.

EXERCICE 2

1. Est-il agressif ?
2. Es-tu nerveux ?
3. Êtes-vous paresseux ?
4. Est-elle têtue ?
5. Sont-ils calmes ?
6. Sont-elles généreuses ?
7. Est-il distrait ?
8. Êtes-vous attentifs ?
9. Est-elle malhonnête ?
10. Est-il poli ?

EXERCICE 3

1. Tu n'es pas aimable.
2. Je ne suis pas calme.
3. Nous ne sommes pas attentifs.
4. Vous n'êtes pas polis.
5. Tu n'es pas obéissant.
6. Elles ne sont pas nerveuses.
7. Ils ne sont pas polis.
8. Je ne suis pas têtu.
9. Elle n'est pas ponctuelle.
10. Il n'est pas généreux.

EXERCICE 4

1. Non, elle n'est pas généreuse. Elle est égoïste.
2. Non, il n'est pas doux. Il est agressif.
3. Non, je ne suis pas distrait. Je suis attentif.
4. Non, ils ne sont pas travailleurs. Ils sont paresseux.
5. Non, elle n'est pas stupide. Elle est intelligente.
6. Non, nous ne sommes pas obéissants. Nous sommes têtus.
7. Non, elle n'est pas nerveuse. Elle est calme.
8. Non, je ne suis pas retardataire. Je suis ponctuel.
9. Non, il n'est pas poli. Il est impoli.
10. Non, elles ne sont pas méchantes. Elles sont gentilles.

EXERCICE 5

1. Claude est paresseux.
2. Marie est distraite.
3. Alain est honnête.
4. Jocelyne est ponctuelle.
5. Marc-Antoine est généreux.
6. Sylvain est têtu.
7. Louise est polie.
8. Vincent est travailleur.

EXERCICE 6

1. Sois gentil ! Ne sois pas méchant !
2. Sois généreux ! Ne sois pas égoïste !
3. Sois calme ! Ne sois pas nerveux !
4. Soyez sages ! Ne soyez pas tannants !
5. Soyez attentifs ! Ne soyez pas distraits !
6. Soyez honnêtes ! Ne soyez pas malhonnêtes !

EXERCICE 7

1. Je vais (très) bien merci.
2. Mon nom est...
3. Enchanté.
4. Comment vas-tu ?
5. Je vous présente...
6. Comment allez-vous ?
7. Comment va-t-il ?
8. Je vous présente...
9. De rien./Ça m'a fait plaisir.
10. Ça va mal !
11. Excusez-moi./Pardon./Je suis désolé(e).
12. Merci (beaucoup)./Je vous remercie (beaucoup).

EXERCICE 8

1. Marie a vu l'offre d'emploi dans le journal.
2. Marie a envoyé son curriculum vitæ à la compagnie Gendron.
3. M. Lemieux est le directeur de la compagnie Gendron.
4. M. Lemieux est grand, il a les cheveux noirs et il est très sérieux.
5. Marie est honnête, travailleuse et intelligente.
6. Elle est un peu nerveuse.
7. Non, elle n'est pas retardataire. Elle est ponctuelle.
8. Marie doit être au bureau lundi prochain à neuf heures.
9. La secrétaire de M. Lemieux.
10. Quoi ? J'ai le poste ?

THÈME 3 *La météo*

EXERCICE 1

1. Le printemps commence au mois de mars et finit au mois de juin.
2. L'été commence au mois de juin et finit au mois de septembre.
3. L'automne commence au mois de septembre et finit au mois de décembre.
4. L'hiver commence au mois de décembre et finit au mois de mars.

EXERCICE 2

1. Il fait zéro degré.
2. Il fait six degrés.
3. Il fait neuf degrés.
4. Il fait onze degrés.
5. Il fait seize degrés.
6. Il fait dix-sept degrés.
7. Il fait vingt et un degrés.
8. Il fait vingt-huit degrés.

9. Il fait trente degrés.
10. Il fait trente et un degrés.
11. Il fait trente-cinq degrés.
12. Il fait quarante degrés.

EXERCICE 3

1. la pluie
2. le vent
3. la tornade
4. le tonnerre
5. le soleil
6. l'été
7. l'automne
8. la neige
9. le nuage
10. l'éclair
11. la saison
12. l'orage
13. l'hiver
14. le printemps

EXERCICE 4

1. Quand il y a du soleil, il fait beau.
2. Quand il y a de gros nuages gris, il fait mauvais.
3. Quand il y a une tornade, il vente.
4. Pendant un orage, il y a du tonnerre et des éclairs.
5. La saison la plus froide est l'hiver.
6. J'ai ouvert mon parapluie parce qu'il pleut.
7. L'hiver, il neige.
8. Les nuages cachent le soleil.

EXERCICE 5

1. Quand il fait froid, je porte un manteau.
2. J'ai ouvert mon parapluie parce qu'il pleut.
3. Je porte des lunettes de soleil parce qu'il fait soleil.
4. Je porte des bottes quand il neige.
5. Je porte des gants parce que j'ai froid aux mains.
6. Je porte un chapeau pour ne pas avoir froid à la tête.
7. Nous sommes assis sous le parasol parce qu'il fait soleil.
8. Je porte un imperméable parce qu'il pleut.
9. Je porte un foulard pour ne pas avoir froid au cou.
10. J'ai enlevé mon veston parce qu'il fait chaud.

EXERCICE 6

1. J'ai chaud.
2. Nous n'avons pas froid.
3. Ils ont froid.
4. On n'a pas chaud.
5. Nous avons chaud.
6. Tu as chaud.
7. Elle n'a pas eu froid.
8. Je n'ai pas eu froid.
9. Vous avez eu froid.
10. Elles n'ont pas eu chaud.
11. Elles vont avoir froid.
12. Vous n'allez pas avoir chaud.
13. Je vais avoir chaud.
14. Nous n'allons pas avoir froid.
15. Vous allez avoir chaud.

EXERCICE 7

1. Présentement, il pleut.
2. La semaine dernière, il a neigé.
3. Nous ne jouons pas au badminton parce qu'il vente.
4. La nuit dernière, il a plu.
5. Demain, il va venter.
6. Quand il neige, les enfants jouent dehors.
7. Je pense qu'il va pleuvoir.
8. Dimanche dernier, il a venté très fort.

EXERCICE 8

1. Oui, il fait beau.
2. Il fait froid.
3. Il fait douze degrés.
4. Non, il n'a pas neigé (ce matin).
5. Oui, il a plu (hier).
6. Non, je n'ai pas froid.
7. Oui, j'ai eu chaud.
8. Oui, il va faire beau (demain).
9. Non, il n'a pas venté (la nuit dernière).
10. Non, elles n'ont pas eu froid.
11. Oui, il va faire froid (demain).
12. Non, il ne va pas neiger (demain).

EXERCICE 9

1. Quel temps fait-il ?
2. Combien fait-il ?
3. Pleut-il ?
4. Avez-vous eu froid ?
5. As-tu/Avez-vous eu chaud ?
6. A-t-il venté ?
7. A-t-il neigé ?
8. Va-t-il faire froid ?
9. Va-t-il pleuvoir ?
10. Va-t-il faire trente degrés au-dessous de zéro ?

EXERCICE 10

1. Annie et Laurent sont au bureau.
2. Annie est allée en Italie.
3. Oui, il a fait (très) beau.
4. Il a fait soleil.
5. Il a fait (environ) vingt-cinq degrés Celsius.
6. Il y a eu un gros orage.
7. Il a venté très fort.
8. Laurent pense que le soleil a déménagé en Italie.

THÈME 4 Les transports

EXERCICE 1

1. Il va à la bibliothèque.
2. Elle va à l'hôpital.
3. Nous allons au magasin.
4. Ils vont au parc.
5. Elles vont au cinéma.
6. Je vais à la banque.
7. On va au restaurant.
8. Ils vont à l'école.
9. Je vais au bureau.
10. Nous allons au centre commercial.

EXERCICE 2

1. Il est à la maison.
2. Elle est au bureau.
3. Ils sont à l'école.
4. Tu vas à la quincaillerie.
5. Je vais au marché.
6. Il va chez le médecin.
7. Vous allez chez le dentiste.
8. Elles sont au collège.
9. Vous êtes à l'université.
10. Il est au centre d'emploi.
11. Elle va chez l'optométriste.
12. Nous allons au magasin.

EXERCICE 3

1. Je vais au restaurant en automobile.
2. Elle va au magasin en métro.
3. Il va à la banque en automobile.
4. Nous allons au cinéma en taxi.
5. Ils vont au marché en autobus.

EXERCICE 4

1. Comment vas-tu/allez-vous à la banque ?
2. Comment allez-vous au théâtre ?
3. Comment vont-elles au magasin ?
4. Comment va-t-il au bureau ?
5. Comment va-t-elle au dépanneur ?

EXERCICE 6

1. Quand je conduis, je regarde dans mon rétroviseur pour voir derrière.
2. Pour monter dans l'automobile, j'ouvre la portière.
3. Je mets de l'essence dans le réservoir d'essence.
4. Quand je conduis, je regarde à travers le pare-brise.
5. Quand je conduis, mes mains sont sur le volant.
6. Quand je conduis, je suis assis sur un siège.
7. Quand je vais faire du ski, je mets mes skis sur le toit.
8. Quand je mets de l'huile dans l'automobile, j'ouvre le capot.
9. L'automobile fonctionne parce qu'elle a un moteur.
10. Quand je voyage, je mets mes bagages dans le coffre à bagages.
11. Une automobile roule sur quatre pneus.
12. Une automobile est silencieuse quand elle a un silencieux.

EXERCICE 7

1. Ce matin, Martine est allée au bureau en automobile. Quand elle est arrivée au bureau, elle a dit : « Ah non ! J'ai oublié mon porte-documents à la maison. » Martine est retournée à la maison pour prendre son porte-documents.
2. (LOUIS) – Antoine, je dois partir. J'ai un rendez-vous avec un client.
   (ANTOINE) – Après ton rendez-vous, est-ce que tu vas revenir au bureau ?
   (LOUIS) – Oui, je vais revenir parce que j'ai beaucoup de travail.
3. (PAULINE) – Annie, est-ce que tu es venue au bureau en automobile ?
   (ANNIE) – Non, je ne suis pas venue au bureau en automobile. Je suis venue au bureau en métro.
   (PAULINE) – Et toi, Marc, comment es-tu venu au bureau ce matin ?
   (MARC) – Je suis venu au bureau en autobus.

EXERCICE 8

1. Nous allons.
2. Ils avancent.
3. Vous conduisez.
4. Je freine.
5. Tu retournes.
6. Elle prend.
7. Elle a reculé.
8. Tu es retourné.
9. Il a pris.
10. Ils sont venus.
11. Nous avons attendu.
12. Vous êtes allé(s).
13. Je vais revenir.
14. Tu vas aller.
15. Vous allez attendre.
16. Ils vont retourner.
17. Elles vont prendre.
18. Nous allons venir.

EXERCICE 9

1. L'avion a décollé à huit heures.
2. L'avion va atterrir à sept heures.
3. L'avion vole à cinq cents kilomètres à l'heure.
4. Le train roule à cent kilomètres à l'heure.
5. Le bateau navigue sur le lac.

EXERCICE 10

1. Pierre travaille pour la compagnie Ordi Plus.
2. Il est représentant.
3. Il vend des ordinateurs.
4. Il va au bureau et chez ses clients en automobile.
5. Mardi passé, Pierre est allé à Toronto.
6. Il est revenu jeudi passé.
7. Pierre va aller à Vancouver lundi prochain.
8. Il va aller à Vancouver en avion.
9. Il va aller à Vancouver parce qu'il va rencontrer un nouveau client.
10. Il va aller chez son client en taxi.

THÈME 5 *Le travail*

EXERCICE 1

1. Dimanche; lundi; mardi; mercredi; jeudi; vendredi; samedi.
2. Dans une entreprise, les employés travaillent du lundi au vendredi.
3. Dans une entreprise, les employés travaillent cinq jours par semaine, huit heures par jour.

EXERCICE 2

1. Travailles-tu ?/Travaillez-vous ?
2. Où travaillent-elles ?
3. Combien d'heures par semaine travaille-t-il ?
4. Quel est votre horaire de travail ?
5. Travailles-tu ?/Travaillez-vous à mi-temps ?
6. Quel est ton/votre salaire ?
7. Travaille-t-il à plein temps ?
8. Où travaillent-ils ?
9. Quel est votre horaire de travail ?
10. Travailles-tu ?/Travaillez-vous les fins de semaine ?

EXERCICE 3

1. Elle est avocate. ou C'est une avocate.
2. Il est journaliste. ou C'est un journaliste.
3. Il est médecin. ou C'est un médecin.
4. Elle est vendeuse. ou C'est une vendeuse.
5. Elle est enseignante. ou C'est une enseignante.
6. Il est fonctionnaire. ou C'est un fonctionnaire.
7. Elle est coiffeuse. ou C'est une coiffeuse.
8. Il est pompier. ou C'est un pompier.
9. Il est électricien. ou C'est un électricien.
10. Il est plombier. ou C'est un plombier.

EXERCICE 4

La secrétaire

Elle s'appelle Anne-Marie Lemire et elle est secrétaire. Elle travaille du lundi au vendredi. Elle arrive au bureau à neuf heures du matin et elle part du bureau à cinq heures de l'après-midi. Parfois, elle doit faire des heures supplémentaires parce qu'elle a beaucoup de travail. Voici quelques tâches qu'elle doit faire :

1. Elle doit ouvrir le courrier.
2. Elle doit répondre au téléphone.
3. Elle doit taper des lettres.
4. Elle doit donner les messages à son patron.
5. Elle doit classer des dossiers.
6. Elle doit faire des photocopies.
7. Elle doit envoyer de la documentation par télécopieur.

Son patron, M. Dupré, est très gentil. Il est un homme dynamique et il est toujours de bonne humeur. Elle travaille dans ce bureau depuis quatre ans. Elle doit travailler très fort, mais elle aime beaucoup son emploi.

EXERCICE 5

1. partir
2. sortir
3. envoyer
4. donner
5. revenir (à la maison)
6. effacer
7. classer
8. parler (à quelqu'un)

EXERCICE 6

1. Vous travaillez...
2. Je suis...
3. Il écrit...
4. Je dois...
5. Elles arrivent...
6. Nous parlons...
7. Elle classe...
8. Vous ouvrez...
9. Je réponds...
10. Il doit...
11. Tu as travaillé...
12. Vous êtes arrivé(s)...
13. Nous avons donné...
14. Ils ont dû...
15. Vous avez répondu...
16. Tu as ouvert...
17. Je suis arrivé(e)...
18. Elle a répondu...
19. J'ai écrit...
20. Elles ont dû...
21. Je vais écrire...
22. Vous allez répondre...
23. Tu vas devoir...
24. Il va arriver...
25. Ils vont être...

EXERCICE 7

1. Oui, je travaille présentement.
2. Non, je ne suis pas ingénieur.
3. Oui, nous devons travailler demain.
4. Non, elle ne travaille pas à plein temps.
5. Oui, ils vont chercher du travail.
6. Oui, elle est partie du bureau à cinq heures.
7. Oui, je dois taper une lettre.
8. Non, il n'est pas allé au bureau.
9. Oui, je vais écrire une lettre.
10. Non, nous n'avons pas travaillé hier.

EXERCICE 8

1. Non, je ne dois pas téléphoner à M. Demers.
2. Non, elle ne doit pas ouvrir le courrier.
3. Non, nous ne devons pas faire de photocopies.
4. Non, ils ne doivent pas répondre au téléphone.
5. Non, on ne doit pas classer de dossiers.
6. Non, je ne dois pas taper de lettres.

EXERCICE 9

1. un laitier/une laitière
2. un facteur/une facteure
3. un coiffeur/une coiffeuse
4. un camionneur/une camionneuse
5. un caissier/une caissière
6. un ouvrier/une ouvrière

EXERCICE 10

1. Pierre travaille pour la compagnie G.G. Électronique.
2. Il est directeur.
3. Il travaille pour cette compagnie depuis seize ans.
4. Il arrive au bureau à huit heures.
5. Il doit ouvrir son courrier, il doit écrire des lettres, il doit parler au téléphone, il doit répondre aux questions des employés et il doit prendre des décisions importantes.
6. Il travaille très bien.
7. Il travaille neuf heures par jour.

8. je dois — nous devons
   tu dois — vous devez
   il/elle/on doit — ils/elles doivent
9. Il travaille du lundi au vendredi.
10. Il travaille quarante-cinq heures par semaine.

THÈME 6 Les actions quotidiennes

EXERCICE 1

1. Il est cinq heures.
2. Il est huit heures.
3. Il est trois heures.
4. Il est une heure.
5. Il est dix heures.
6. Il est sept heures.
7. Il est une heure et demie.
8. Il est dix heures et quart.
9. Il est huit heures et vingt.
10. Il est quatre heures moins vingt.
11. Il est midi moins quart.
    ou
    Il est minuit moins quart.
12. Il est deux heures moins cinq.

EXERCICE 2

1. Je me réveille.
2. Tu te peignes.
3. Elle se brosse.
4. Vous vous levez.
5. Elle se maquille.
6. Ils se rasent.
7. Je m'habille.
8. Nous nous essuyons.
9. Il se lave.
10. Nous nous réveillons.
11. Je me suis lavé.
12. Elle s'est brossée.
13. Vous vous êtes habillé(s).
14. Il s'est peigné.
15. Elles se sont maquillées.
16. Tu t'es levé.
17. Il s'est rasé.
18. Je me suis essuyé.
19. Elle s'est lavée.
20. Je me suis levé.
21. Elle va se peigner.
22. Il va se raser.
23. Je vais m'habiller.
24. Elles vont se brosser.
25. Elle va se maquiller.
26. Nous allons nous réveiller.
27. Tu vas t'essuyer.
28. Je vais me lever.
29. Vous allez vous laver
30. Tu vas te peigner.

EXERCICE 3

1. Je me réveille quand le réveille-matin sonne.
2. Quand je me lève, je descends du lit.
3. Je me brosse les dents avec une brosse à dents.
4. Je me lave dans la douche.
5. Je m'essuie avec une serviette.
6. Je me brosse les cheveux avec une brosse à cheveux.
7. Je me peigne avec un peigne.
8. Je me maquille avec du maquillage.
9. Je me rase avec un rasoir.
10. Je m'habille avec des vêtements.

EXERCICE 4

1. Elle se réveille à six heures.
2. Nous nous réveillons à sept heures et quart.
3. Ils se réveillent à huit heures et quart.
4. Il se réveille à huit heures moins quart.
5. Elles se réveillent à cinq heures et demie.

EXERCICE 5

1. Il s'est réveillé à six heures.
2. Nous nous sommes réveillés à sept heures et quart.
3. Elles se sont réveillées à sept heures moins quart.
4. Elle s'est réveillée à dix heures.
5. Ils se sont réveillés à onze heures moins quart.

EXERCICE 6

1. Je dois allumer le téléviseur pour regarder la télévision.
2. As-tu lavé toute la vaisselle ?
3. Les enfants jouent avec des jouets.
4. Elles préparent le souper avec des casseroles.
5. Hier soir, j'ai écouté un bon disque.
6. Ce soir, elle va lire un livre.

EXERCICE 7

1. Je prépare...
2. Elle lit...
3. Il essuie...
4. Elles dorment...
5. Nous lavons...
6. Tu regardes...
7. Il aide...
8. J'écoute...
9. Vous jouez...
10. Ils lisent...
11. J'ai lavé...
12. Il a aidé...
13. Nous avons écouté...
14. Elle a essuyé...
15. Vous avez préparé...
16. J'ai lu...
17. Tu as dormi...
18. Ils ont joué...
19. Elle a regardé...
20. Il a lu...
21. Je vais préparer...
22. Nous allons écouter...
23. Elles vont jouer...
24. Tu vas lire...
25. Il va regarder...

EXERCICE 8

1. – Regarde-t-il la télévision ?
   – Non, il ne regarde pas la télévision.
   – Qu'est-ce qu'il fait ?
   – Il travaille.
2. – Lis-tu un livre ?
   – Non, je ne lis pas de livre.
   – Qu'est-ce que tu fais ?
   – Je fais la vaisselle.
3. – Écoutez-vous la radio ?
   – Non, nous n'écoutons pas la radio.
   – Qu'est-ce que vous faites ?
   – Nous jouons aux cartes.
4. – Essuie-t-il la vaisselle ?
   – Non, il n'essuie pas la vaisselle.
   – Qu'est-ce qu'il fait ?
   – Il regarde la télévision.
5. – Dors-tu ?
   – Non, je ne dors pas.
   – Qu'est-ce que tu fais ?
   – Je réfléchis.

6. – Aide-t-elle sa mère ?
   – Non, elle n'aide pas sa mère.
   – Qu'est-ce qu'elle fait ?
   – Elle joue à un jeu vidéo.
7. – Prépare-t-elle le repas ?
   – Non, elle ne prépare pas le repas.
   – Qu'est-ce qu'elle fait ?
   – Elle étudie.
8. – Lit-il le journal ?
   – Non, il ne lit pas le journal.
   – Qu'est-ce qu'il fait ?
   – Il dort.
9. – Jouent-ils avec les enfants ?
   – Non, ils ne jouent pas avec les enfants.
   – Qu'est-ce qu'ils font ?
   – Ils parlent au téléphone.
10. – Dort-elle ?
    – Non, elle ne dort pas.
    – Qu'est-ce qu'elle fait ?
    – Elle écoute la radio.

EXERCICE 9

Présentement, il est deux heures. Ce matin, Caroline s'est réveillée à six heures et demie. Elle s'est levée, elle s'est maquillée, elle s'est habillée et elle est partie au bureau.

Présentement, Caroline est au bureau. Elle travaille. À cinq heures, Caroline va rentrer à la maison. Elle va préparer le souper, elle va laver la vaisselle et elle va regarder la télévision. Vers dix heures, Caroline va se coucher.

EXERCICE 10

1. Marc et Caroline sont au bureau.
2. Marc a préparé le souper à six heures.
3. Marc a mangé du spaghetti.
4. À sept heures, Marc a lavé la vaisselle.
5. Marc a aidé son fils pendant une heure.
6. Ils ont fait des mathématiques.
7. Il s'est couché et il a dormi.
8. Marc s'est réveillé parce que le téléphone a sonné.
9. je me suis réveillé — nous nous sommes réveillés
   tu t'es réveillé — vous vous êtes réveillés
   il s'est réveillé — ils se sont réveillés
   elle s'est réveillée — elles se sont réveillées
10. je vais me coucher — nous allons nous coucher
    tu vas te coucher — vous allez vous coucher
    il va se coucher — ils vont se coucher
    elle va se coucher — elles vont se coucher

THÈME 7 *Le bureau*

EXERCICE 1

1. un classeur
2. un porte-crayons
3. une chaise
4. un trombone
5. un stylo
6. une gomme à effacer
7. une lampe
8. une calculatrice
9. une machine à écrire
10. un photocopieur
11. un répondeur
12. une souris
13. un écran
14. une agrafeuse
15. un porte-documents
16. un crayon

EXERCICE 2

1. C'est un crayon.
2. Ce sont des stylos.
3. Ce sont des trombones.
4. Ce sont des ciseaux.
5. C'est une agrafeuse.
6. C'est un photocopieur.
7. C'est un répondeur.
8. C'est un porte-documents.
9. C'est une calculatrice.
10. Ce sont des classeurs.

EXERCICE 3

1. Oui, j'ai besoin de mon crayon.
2. Oui, il a besoin de son ordinateur.
3. Oui, elle a besoin de son agrafeuse.
4. Oui, ils ont besoin de l'imprimante.
5. Oui, nous avons besoin d'enveloppes.
6. Oui, elles ont besoin de la calculatrice.
7. Oui, j'ai besoin de mon stylo.
8. Oui, elle a besoin de son porte-documents.

EXERCICE 4

1. Non, je n'ai pas besoin de mon ordinateur.
2. Non, il n'a pas besoin de sa calculatrice.
3. Non, je n'ai pas besoin de papier.
4. Non, elle n'a pas besoin de la souris.
5. Non, ils n'ont pas besoin de chemises.
6. Non, je n'ai pas besoin de mon téléphone cellulaire.
7. Non, elles n'ont pas besoin de trombones.
8. Non, il n'a pas besoin de la machine à écrire.

EXERCICE 5

1. Oui, j'en ai un.
2. Oui, nous en avons un.
3. Oui, il en a une.
4. Oui, elle en a.
5. Oui, ils en ont.
6. Oui, il en veut un.
7. Oui, elle en écrit.
8. Oui, j'en utilise.
9. Oui, il en achète.
10. Oui, elle en fait.

EXERCICE 6

1. Non, nous n'en avons pas.
2. Non, il n'en utilise pas.
3. Non, je n'en veux pas.

4. Non, il n'en a pas.
5. Non, je n'en ai pas.
6. Non, elles n'en ont pas.
7. Non, je n'en veux pas.
8. Non, elle n'en a pas.
9. Non, nous n'en voulons pas.
10. Non, il n'en a pas.

EXERCICE 7

1. Il est sur le bureau.
2. Il est dans le tiroir.
3. Il est entre l'agrafeuse et la lampe.
4. Il est sous le bureau.
5. Elles sont dans la boîte.
6. Elles sont sur le bureau.
7. Elles sont sous la table.
8. Elles sont entre la chaise et le bureau.

EXERCICE 8

1. Où va Lucien ?
2. Où sont les tasses ?
3. Où verse-t-il du café ?
4. Où s'assoit-il ?
5. Où dépose-t-il sa tasse ?
6. Où est sa tasse ?
7. Où court-il ?
8. Où prend-il le rouleau de papier essuie-tout ?
9. Où est l'armoire ?
10. Où essuie-t-il le café ?

EXERCICE 9

1. Il a besoin de papier pour le photocopieur.
2. As-tu branché la lampe ?
3. Ce soir, elle va fermer le bureau.
4. Nous avons ouvert la porte.
5. Ils débranchent le télécopieur.
6. Je vais avoir besoin de chemises.
7. Vous ouvrez le tiroir du classeur.
8. A-t-elle fermé la porte ?
9. Il n'a pas débranché l'ordinateur.
10. Elle a besoin d'enveloppes.

EXERCICE 10

1. Le nom du patron est M. Legault.
2. Il arrive au bureau à huit heures et demie.
3. Il est très fatigué.
4. Mme Beaumont est la secrétaire de M. Legault.
5. Un photocopieur.
6. Un télécopieur.
7. Un client va arriver bientôt au bureau.
8. L'appareil qui fonctionne est le téléphone.
9. Réparateur.
10. Parce qu'il y a une panne d'électricité.

THÈME 8 *Les voyages*

EXERCICE 1

1. Oui, j'aime voyager.
2. Oui, il préfère rester à la maison.
3. Oui, ils veulent partir en voyage.
4. Oui, nous aimons aller au bord de la mer.
5. Non, je ne préfère pas voyager l'été.
6. Non, elles ne préfèrent pas partir demain.
7. Non, je ne veux pas rester à la campagne.
8. Non, il n'aime pas voyager seul.

EXERCICE 2

1. La capitale de la France est Paris.
   Un habitant de la France est un Français.
   La langue parlée est le français.
   La monnaie est le franc français.
2. La capitale de l'Italie est Rome.
   Un habitant de l'Italie est un Italien.
   La langue parlée est l'italien.
   La monnaie est la lire.
3. La capitale de l'Allemagne est Berlin.
   Un habitant de l'Allemagne est un Allemand.
   La langue parlée est l'allemand.
   La monnaie est le deutsche mark.
4. La capitale de la Suisse est Berne.
   Un habitant de la Suisse est un Suisse.
   La langue la plus parlée est l'allemand.
   La monnaie est le franc suisse.
5. La capitale de l'Autriche est Vienne.
   Un habitant de l'Autriche est un Autrichien.
   La langue parlée est l'allemand.
   La monnaie est le schilling.
6. La capitale de l'Angleterre est Londres.
   Un habitant de l'Angleterre est un Anglais.
   La langue parlée est l'anglais.
   La monnaie est la livre sterling.
7. La capitale de l'Espagne est Madrid.
   Un habitant de l'Espagne est un Espagnol.
   La langue parlée est l'espagnol.
   La monnaie est la peseta.
8. La capitale de la Grèce est Athènes.
   Un habitant de la Grèce est un Grec.
   La langue parlée est le grec.
   La monnaie est la drachme.
9. La capitale du Portugal est Lisbonne.
   Un habitant du Portugal est un Portugais.
   La langue parlée est le portugais.
   La monnaie est l'escudo.

10. La capitale du Danemark est Copenhague.
    Un habitant du Danemark est un Danois.
    La langue parlée est le danois.
    La monnaie est la couronne danoise.

EXERCICE 3

1. Ottawa est en Ontario.
2. Winnipeg est au Manitoba.
3. Fredericton est au Nouveau-Brunswick.
4. Regina est en Saskatchewan.
5. Vancouver est en Colombie-Britannique.
6. Montréal est au Québec.
7. Halifax est en Nouvelle-Écosse.
8. St. John's est à Terre-Neuve.
9. Edmonton est en Alberta.
10. Charlottetown est à l'Île-du-Prince-Édouard.

EXERCICE 4

1. un complet
2. des bas
3. des sous-vêtements
4. des chemises
5. une cravate
6. des souliers
7. un chandail
8. une ceinture
9. un rasoir
10. une brosse à dents
11. de la pâte dentifrice
12. du shampooing
13. un sèche-cheveux
14. du fil et une aiguille

EXERCICE 5

1. Je vais au Canada.
2. Elle est allée en Espagne.
3. Il va aller au Portugal.
4. Vous êtes allé(s) en France.
5. Nous sommes allés en Grèce.
6. Ils vont au Danemark.
7. Tu vas aller à Paris.
8. Elles vont en Allemagne.
9. Je vais aller à Washington.
10. Vous allez au Manitoba.
11. Elles sont allées à l'Île-du-Prince-Édouard.
12. Il va aller en Colombie-Britannique.
13. Nous sommes allés en Ontario.
14. Il va au Nouveau-Brunswick.
15. Elle va aller à Vienne.

EXERCICE 6

1. Oui, j'y vais souvent.
   Non, je n'y vais pas souvent.
2. Oui, elle y va souvent.
   Non, elle n'y va pas souvent.
3. Oui, j'y vais (cet été).
   Non, je n'y vais pas (cet été).
4. Oui, j'y vais chaque année.
   Non, je n'y vais pas chaque année.
5. Oui, ils y habitent.
   Non, ils n'y habitent pas.
6. Oui, nous y habitons.
   Non, nous n'y habitons pas.
7. Oui, elle y va.
   Non, elle n'y va pas.
8. Oui, ils y vont.
   Non, ils n'y vont pas.
9. Oui, nous y allons.
   Non, nous n'y allons pas.
10. Oui, il y va.
    Non, il n'y va pas.

EXERCICE 7

1. J'y suis allé.
2. Nous y sommes allés.
3. Ils y ont habité.
4. Vous y êtes allé.
5. Tu y as habité.
6. Elle y est allée.
7. Il n'y est pas allé.
8. Elles n'y sont pas allées.
9. Nous n'y avons pas habité.
10. Vous n'y êtes pas allés.
11. Ils n'y sont pas allés.
12. Je n'y suis pas allé.

EXERCICE 8

1. Oui, je vais y aller.
   Non, je ne vais pas y aller.
2. Oui, il va y aller.
   Non, il ne va pas y aller.
3. Oui, elle va y aller.
   Non, elle ne va pas y aller.
4. Oui, ils vont y habiter.
   Non, ils ne vont pas y habiter.
5. Oui, je vais y habiter.
   Non, je ne vais pas y habiter.
6. Oui, je vais y aller.
   Non, je ne vais pas y aller.

EXERCICE 10

1. Je pars.
2. Nous rencontrons.
3. Elle met.
4. Vous voyagez.
5. Elle réserve.
6. Ils font.
7. Nous partons.
8. Il va.
9. J'ai hâte.
10. Tu visites.
11. Elle a réservé.
12. Il a voyagé.
13. Elles ont mis.
14. Je suis allé.
15. Ils ont rencontré.
16. Nous avons visité.
17. Vous êtes parti(s).
18. Tu as mis.
19. Ils ont fait.
20. Nous avons voyagé.
21. Je vais partir.
22. Vous allez rencontrer.
23. Tu vas réserver.
24. Nous allons aller.
25. Elles vont visiter.

EXERCICE 11

1. Ils sont partis il y a trois jours.
2. Je suis revenu il y a une semaine.
3. Nous sommes allés en Europe il y a deux ans.
4. Je vais aller aux États-Unis dans trois semaines.
5. Elle va partir en voyage dans trois jours.
6. Elle va revenir dans un mois.
7. Je suis revenu il y a cinq jours.
8. L'avion va décoller dans une heure.
9. Le train va arriver dans une demi-heure.
10. Le taxi va arriver dans un quart d'heure.

EXERCICE 12

1. Elle est en Europe depuis trois jours.
2. Ils sont ici depuis deux jours.
3. Ils veulent partir pendant trois semaines.
4. Ils vont rester en Europe pendant un mois.
5. Elle est partie pendant cinq jours.
6. Nous avons/J'ai les billets d'avion depuis quatre mois.
7. Elles sont à cet hôtel depuis sept jours.
8. Il va rester là-bas pendant six semaines.

EXERCICE 13

1. Marie est allée au Maroc.
2. Elle est restée au Maroc pendant deux semaines.
3. Elle est revenue à la maison la semaine passée.
4. Elle a invité Louise.
5. Les plages sont superbes.
6. Elle a visité Rabat, Casablanca et Marrakech.
7. La capitale du Maroc est Rabat.
8. Les habitants du Maroc s'appellent des Marocains.
9. Elle a mangé du couscous.
10. Les photos sont dans le salon.

CORRIGÉ DE LA PARTIE II

Références grammaticales

1. L'alphabet français

EXERCICE 1

1. é
2. è
3. ê
4. à
5. ô
6. û
7. ù
8. ï
9. â
10. ë

3. Les noms

EXERCICE 1

1. bouteille de vin
2. assiette
3. tasse
4. cuillère
5. couteau
6. verre à vin
7. théière
8. verre
9. cafetière
10. fourchette

EXERCICE 2

1. golfeur
2. facteur
3. soldat
4. policier
5. serveur
6. professeur
7. mannequin
8. danseur
9. peintre
10. musicien
11. secrétaire

EXERCICE 3

1. lapin
2. pingouin
3. girafe
4. canard
5. vache
6. ours
7. tigre
8. mouton
9. poisson
10. mouffette
11. éléphant
12. cochon

4. Les articles

EXERCICE 1

Singulier	Pluriel
1. la chaise	les chaises
2. la table	les tables
3. le bureau	les bureaux
4. le tableau	les tableaux
5. la fenêtre	les fenêtres
6. le cahier	les cahiers
7. le crayon	les crayons
8. la porte	les portes
9. le mur	les murs
10. le plancher	les planchers
11. l'ordinateur	les ordinateurs
12. l'horloge	les horloges

EXERCICE 2

1. la bouteille
2. la cuillère
3. les couteaux
4. les verres
5. l'homme
6. les enfants
7. la femme
8. les tables
9. le cahier
10. les murs
11. les tableaux
12. les crayons

EXERCICE 3

	Singulier	Pluriel
1.	un homme	des hommes
2.	une femme	des femmes
3.	une robe	des robes
4.	un manteau	des manteaux
5.	un chapeau	des chapeaux
6.	un soulier	des souliers
7.	une jupe	des jupes
8.	un pantalon	des pantalons
9.	un chandail	des chandails
10.	une chemise	des chemises

EXERCICE 4

1. un exercice
2. des crayons
3. des animaux
4. un manteau
5. des jupes
6. des chemises
7. un chapeau
8. une lampe
9. une question
10. une réponse
11. une leçon
12. une pause-café

EXERCICE 5

1. Je n'ai pas de maison.
2. Il n'a pas de chat.
3. Vous n'avez pas de verres.
4. Tu n'as pas d'assiette.
5. Il n'a pas de manteau.
6. Elle n'a pas de gants.
7. Nous n'avons pas de questions.
8. Ils n'ont pas d'enfants.
9. Elle n'a pas d'emploi.
10. Elles n'ont pas de crayons.

EXERCICE 6

1. Il va à l'école.
2. Elle va à la maternelle.
3. Tu joues au ballon.
4. Nous jouons aux cartes.
5. Il a mal au dos.
6. Je suis au régime.
7. Elle a mal aux pieds.
8. J'ai mal à la tête.
9. Il parle au téléphone.
10. Ils vont au cinéma.

EXERCICE 7

1. du savon
2. du shampooing
3. de la poudre
4. de l'eau
5. du papier
6. de l'encre
7. de la pluie
8. de la neige
9. de l'air
10. de l'argent

EXERCICE 8

1. Il ne boit pas de café.
2. Il ne boit pas de jus.
3. Elle ne mange pas de salade.
4. Il ne veut pas de pain.
5. Ils ne veulent pas de vin.
6. Elles n'ont pas de travail.
7. Ils n'ont pas de difficulté.
8. Il ne tombe pas de pluie.
9. Il n'y a pas de vent.
10. Elles n'ont pas de patience.

5. *Les adjectifs*

EXERCICE 1

1. petite
2. polie
3. grande
4. forte
5. distraite
6. intelligente
7. délicate
8. intéressante
9. amusante
10. souriante

EXERCICE 2

1. faible
2. pauvre
3. honnête
4. aimable
5. sensible
6. timide
7. sincère
8. sympathique
9. étrange
10. égoïste

EXERCICE 3

1. précieuse
2. peureuse
3. heureuse
4. malheureuse
5. fiévreuse
6. dispendieuse
7. sérieuse
8. soucieuse
9. studieuse
10. superstitieuse

EXERCICE 4

1. sportive
2. inactive
3. impulsive
4. productive
5. attentive
6. naïve
7. dépressive
8. créative
9. expressive
10. craintive

EXERCICE 5

1. Pierre et Marc sont forts.
2. Louise est sensible.
3. Diane et Pauline sont sympathiques.
4. Nous sommes sincères.
5. Jeanne est studieuse.
6. Tu es timide.
7. Ils sont méchants.
8. Nous sommes honnêtes.
9. Elles sont attentives.
10. Ils sont sérieux.
11. Lucie est heureuse.
12. Elles sont craintives.
13. Je suis sincère.

14. Jean et Luc sont amusants.
15. Viviane est intelligente.

EXERCICE 6

1. Où est ma chemise ?
   Ta chemise est dans la garde-robe.
2. Où est ma cravate ?
   Ta cravate est dans la garde-robe.
3. Où sont mes pantalons ?
   Tes pantalons sont dans la garde-robe.
4. Où est mon veston ?
   Ton veston est dans l'auto.
5. Où sont mes bas ?
   Tes bas sont dans le tiroir.
6. Où est mon manteau ?
   Ton manteau est sur la chaise.
7. Où est mon chandail ?
   Ton chandail est dans le tiroir.
8. Où est ma blouse ?
   Ta blouse est dans la garde-robe.
9. Où est mon chapeau ?
   Ton chapeau est sur la table.
10. Où est ma bague ?
    Ta bague est sur la table.
11. Où est mon collier ?
    Ton collier est sur la table.
12. Où sont mes boucles d'oreilles ?
    Tes boucles d'oreilles sont dans le tiroir.
13. Où est ma montre ?
    Ta montre est sur le bureau.
14. Où sont mes lunettes ?
    Tes lunettes sont sur le bureau.
15. Où est mon sac à main ?
    Ton sac à main est sur la table.
16. Où est mon portefeuille ?
    Ton portefeuille est sur le bureau.

EXERCICE 7

1. Il cherche ses crayons.
2. Il cherche ses livres.
3. Elle cherche son cahier.
4. Elle cherche son dictionnaire.
5. Ses crayons sont sur sa chaise.
6. Ses livres sont dans son automobile.
7. Son cahier est dans son sac.
8. Son dictionnaire est dans sa chambre.
9. Il aime son emploi.
10. Il est dans son bureau.
11. Elle allume son ordinateur.
12. Elle boit dans sa tasse.
13. Il boit dans son verre.
14. Il compte son argent.
15. Elle cherche sa carte de crédit.
16. Il cherche son agenda.

EXERCICE 8

1. Avez-vous vos livres ?
   Oui, nous avons nos livres.
2. Où sont vos crayons ?
   Nos crayons sont sur la table.
3. Quelle est votre adresse ?
   Notre adresse est 333, rue Montagne.
4. Où sont vos enfants ?
   Nos enfants sont à l'école.
5. Est-ce que votre maison est en pierre ?
   Oui, notre maison est en pierre.
6. Est-ce que votre automobile est rouge ?
   Non, notre automobile n'est pas rouge.
7. Faites-vous vos exercices tous les matins ?
   Oui, nous faisons nos exercices tous les matins.
8. Faites-vous vos devoirs tous les soirs ?
   Oui, nous faisons nos devoirs tous les soirs.
9. Où sont vos tasses ?
   Nos tasses sont sur la table.
10. Qui est votre professeur ?
    Notre professeur est M. Larose.

EXERCICE 9

1. Pierre et Jean parlent à leur père.
2. Ils veulent faire une surprise à leur mère.
3. Lucie et Sylvain aiment leur nouvelle maison.
4. Ils n'ont pas leurs livres.
5. Les étudiants posent des questions à leur professeur.
6. Pierre et Anne jouent avec leurs enfants.
7. Les employés veulent parler à leur patron.
8. Ils ne font pas souvent leurs devoirs.
9. Elles prennent leurs vitamines tous les matins.
10. Ils vont au restaurant avec leurs amis.

EXERCICE 10

1. cette femme
2. cette table
3. cette chaise
4. ce chandail
5. ce bureau
6. ces crayons
7. ces tasses
8. ce dictionnaire
9. cette automobile
10. cet exercice

EXERCICE 11

1. cet exercice
2. cette question
3. ce travail
4. cet ordinateur
5. ce classeur
6. ce téléphone
7. cet étudiant
8. ce dictionnaire
9. cette maison
10. cette personne

7. Les verbes

EXERCICE 2

1. J'ai un livre.
2. Il a une automobile.
3. Vous avez une maison.
4. Tu as des crayons.
5. Nous avons des enfants.
6. Elles ont des cahiers.
7. Elle a un emploi.
8. Ils ont des dictionnaires.
9. On a des chaises.
10. J'ai un ordinateur.

EXERCICE 3

Sujet masculin	**Sujet féminin**
1. Je suis grand.	7. Je suis grande.
2. Tu es enseignant.	8. Tu es enseignante.
3. Il est intelligent.	9. Elle est intelligente.
4. Nous sommes grands.	10. Nous sommes grandes.
5. Vous êtes enseignant(s).	11. Vous êtes enseignante(s).
6. Ils sont intelligents.	12. Elles sont intelligentes.

EXERCICE 4

1. **Aimer**
   j'aime — nous aimons
   tu aimes — vous aimez
   il/elle/on aime — ils/elles aiment
2. **Regarder**
   je regarde — nous regardons
   tu regardes — vous regardez
   il/elle/on regarde — ils/elles regardent
3. **Écouter**
   j'écoute — nous écoutons
   tu écoutes — vous écoutez
   il/elle/on écoute — ils/elles écoutent
4. **Marcher**
   je marche — nous marchons
   tu marches — vous marchez
   il/elle/on marche — ils/elles marchent
5. **Demander**
   je demande — nous demandons
   tu demandes — vous demandez
   il/elle/on demande — ils/elles demandent

EXERCICE 5

1. **Grandir**
   je grandis — nous grandissons
   tu grandis — vous grandissez
   il/elle/on grandit — ils/elles grandissent
2. **Applaudir**
   j'applaudis — nous applaudissons
   tu applaudis — vous applaudissez
   il/elle/on applaudit — ils/elles applaudissent
3. **Bâtir**
   je bâtis — nous bâtissons
   tu bâtis — vous bâtissez
   il/elle/on bâtit — ils/elles bâtissent
4. **Choisir**
   je choisis — nous choisissons
   tu choisis — vous choisissez
   il/elle/on choisit — ils/elles choisissent
5. **Investir**
   j'investis — nous investissons
   tu investis — vous investissez
   il/elle/on investit — ils/elles investissent

EXERCICE 6

1. Je vais au bureau.
2. Il fait la vaisselle.
3. Nous allons au magasin.
4. Elles vont au cinéma.
5. Vous faites le ménage.
6. Je dois étudier.
7. Je veux lire.
8. Je peux apprendre le français.
9. Ils veulent regarder la télévision.
10. On doit travailler.
11. Tu veux écouter la radio.
12. Nous faisons du sport.
13. Tu vas au dépanneur.
14. Il doit partir.
15. Vous pouvez poser des questions.

EXERCICE 7

1. **Écouter**
   j'ai écouté — nous avons écouté
   tu as écouté — vous avez écouté
   il/elle/on a écouté — ils/elles ont écouté
2. **Regarder**
   j'ai regardé — nous avons regardé
   tu as regardé — vous avez regardé
   il/elle/on a regardé — ils/elles ont regardé
3. **Marcher**
   j'ai marché — nous avons marché
   tu as marché — vous avez marché
   il/elle/on a marché — ils/elles ont marché

EXERCICE 8

1. **Grandir**
   j'ai grandi — nous avons grandi
   tu as grandi — vous avez grandi
   il/elle/on a grandi — ils/elles ont grandi
2. **Applaudir**
   j'ai applaudi — nous avons applaudi
   tu as applaudi — vous avez applaudi
   il/elle/on a applaudi — ils/elles ont applaudi
3. **Choisir**
   j'ai choisi — nous avons choisi
   tu as choisi — vous avez choisi
   il/elle/on a choisi — ils/elles ont choisi

EXERCICE 9

1. J'ai fait la vaisselle.
2. Il a voulu dormir.

3. Elle a dû travailler.
4. Nous avons pu lire.
5. Vous avez dû étudier.
6. Tu as voulu parler.
7. Nous avons fait le ménage.
8. Il a dû partir.
9. J'ai pu manger.
10. Elles ont fait du sport.

EXERCICE 10

1. **Arriver**

Sujet masculin	**Sujet féminin**
je suis arrivé	je suis arrivée
tu es arrivé	tu es arrivée
il est arrivé	elle est arrivée
nous sommes arrivés	nous sommes arrivées
vous êtes arrivés	vous êtes arrivées
ils sont arrivés	elles sont arrivées

2. **Partir**

Sujet masculin	**Sujet féminin**
je suis parti	je suis partie
tu es parti	tu es partie
il est parti	elle est partie
nous sommes partis	nous sommes parties
vous êtes partis	vous êtes parties
ils sont partis	elles sont parties

3. **Sortir**

Sujet masculin	**Sujet féminin**
je suis sorti	je suis sortie
tu es sorti	tu es sortie
il est sorti	elle est sortie
nous sommes sortis	nous sommes sorties
vous êtes sortis	vous êtes sorties
ils sont sortis	elles sont sorties

4. **Venir**

Sujet masculin	**Sujet féminin**
je suis venu	je suis venue
tu es venu	tu es venue
il est venu	elle est venue
nous sommes venus	nous sommes venues
vous êtes venus	vous êtes venues
ils sont venus	elles sont venues

EXERCICE 11

1. **Avoir**

je vais avoir	nous allons avoir
tu vas avoir	vous allez avoir
il/elle/on va avoir	ils/elles vont avoir

2. **Être**

je vais être	nous allons être
tu vas être	vous allez être
il/elle/on va être	ils/elles vont être

3. **Étudier**

je vais étudier	nous allons étudier
tu vas étudier	vous allez étudier
il/elle/on va étudier	ils/elles vont étudier

4. **Finir**

je vais finir	nous allons finir
tu vas finir	vous allez finir
il/elle/on va finir	ils/elles vont finir

5. **Faire**

je vais faire	nous allons faire
tu vas faire	vous allez faire
il/elle/on va faire	ils/elles vont faire

EXERCICE 12

1. me
2. te
3. se
4. nous
5. vous
6. se
7. se
8. se
9. se
10. te
11. se
12. nous
13. se
14. te
15. nous
16. vous
17. se
18. se
19. se
20. me
21. te
22. se
23. vous
24. se

EXERCICE 13

1. **Se regarder**

je me regarde	nous nous regardons
tu te regardes	vous vous regardez
il/elle/on se regarde	ils/elles se regardent

2. **Se laver**

je me lave	nous nous lavons
tu te laves	vous vous lavez
il/elle/on se lave	ils/elles se lavent

3. **Se coucher**

je me couche	nous nous couchons
tu te couches	vous vous couchez
il/elle/on se couche	ils/elles se couchent

EXERCICE 14

1. **Se regarder**

Sujet masculin
je me suis regardé
tu t'es regardé
il s'est regardé
nous nous sommes regardés
vous vous êtes regardés
ils se sont regardés

Sujet féminin
je me suis regardée
tu t'es regardée
elle s'est regardée
nous nous sommes regardées
vous vous êtes regardées
elles se sont regardées

2. **Se coucher**

Sujet masculin
je me suis couché
tu t'es couché
il s'est couché
nous nous sommes couchés
vous vous êtes couchés
ils se sont couchés

Sujet féminin
je me suis couchée
tu t'es couchée
elle s'est couchée
nous nous sommes couchées
vous vous êtes couchées
elles se sont couchées

2. **Se coucher**
je vais me coucher
tu vas te coucher
il/elle/on va se coucher
nous allons nous coucher
vous allez vous coucher
ils/elles vont se coucher

EXERCICE 15

1. **Se regarder**
je vais me regarder
tu vas te regarder
il/elle/on va se regarder
nous allons nous regarder
vous allez vous regarder
ils/elles vont se regarder

8. La négation

EXERCICE 1

1. Tu ne parles pas.
2. Elle n'écoute pas.
3. Je n'étudie pas.
4. Vous ne travaillez pas.
5. Il ne dort pas.
6. Elles ne partent pas.
7. Vous ne mangez pas.
8. Nous ne lisons pas.
9. Ils ne veulent pas.
10. Je ne peux pas.

EXERCICE 2

1. Il ne ferme pas la porte.
2. Elle n'est pas à la maison.
3. Nous ne faisons pas nos devoirs.
4. Il ne cherche pas son crayon.
5. Je ne suis pas au bureau.
6. Il n'est pas absent.
7. Elle n'est pas mariée.
8. Ils ne vont pas au restaurant tous les jours.
9. Il ne dit pas la vérité.
10. Elle ne parle pas quatre langues.

EXERCICE 3

1. Non, je n'aime pas le café.
2. Non, je ne parle pas allemand.
3. Non, il n'est pas occupé.
4. Non, ils ne sont pas au magasin.
5. Non, elle n'est pas au téléphone.
6. Non, nous ne parlons pas anglais.
7. Non, je ne mange pas au restaurant à midi.
8. Non, nous n'habitons pas près d'ici.
9. Non, ils n'aiment pas l'hiver.
10. Non, elles n'aiment pas l'été.

EXERCICE 4

1. Nous n'avons pas travaillé.
2. Elle n'a pas écouté.
3. Ils n'ont pas dormi.
4. Je n'ai pas mangé.
5. Tu n'es pas tombé.
6. Il n'est pas arrivé.
7. Vous n'avez pas lu.
8. Elles n'ont pas étudié.
9. Je n'ai pas fini.
10. Nous n'avons pas compris.

EXERCICE 5

1. Ils n'ont pas fini leur travail.
2. Elle n'a pas parlé à son patron.
3. Ils ne sont pas allés à la réunion.
4. Nous n'avons pas étudié toute la soirée.
5. Il n'est pas parti hier.
6. Tu n'es pas arrivé en retard.
7. Elle n'a pas terminé cet exercice.
8. Il n'a pas payé ses comptes.
9. Ils n'ont pas nettoyé toute la maison.
10. Vous n'êtes pas allés au magasin.

EXERCICE 6

1. Non, je n'ai pas lu le journal.
2. Non, il n'a pas téléphoné dans l'après-midi.
3. Non, il n'est pas parti chez son client.
4. Non, nous ne sommes pas rentrés tard.
5. Non, ils n'ont pas assisté à la réunion.
6. Non, elles ne sont pas parties en Europe.
7. Non, je n'ai pas vu votre crayon.
8. Non, je n'ai pas trouvé mon crayon.
9. Non, il n'a pas nettoyé son bureau.
10. Non, nous n'avons pas écouté le professeur.

EXERCICE 7

1. Tu ne vas pas écouter.
2. Elle ne va pas regarder.
3. Nous n'allons pas manger.
4. Ils ne vont pas étudier.
5. Je ne vais pas partir.
6. Il ne va pas travailler.
7. Vous n'allez pas lire.
8. Elles ne vont pas rester.

9. Je ne vais pas dormir.
10. Tu ne vas pas tomber.

EXERCICE 8

1. Non, je ne vais pas revenir tard.
2. Non, nous n'allons pas téléphoner à nos clients.
3. Non, ils ne vont pas étudier ce soir.
4. Non, elle ne va pas arriver bientôt.
5. Non, il ne va pas vendre sa maison.
6. Non, vous n'allez pas avoir la pause-café bientôt.
7. Non, nous n'allons pas mémoriser toutes les règles de grammaire.
8. Non, il ne va pas faire ses devoirs.
9. Non, elle ne va pas travailler à l'ordinateur tous les jours.
10. Non, ils ne vont pas déménager cette année.

EXERCICE 9

1. Je ne me regarde pas.
2. Tu ne te couches pas.
3. Nous ne nous levons pas.
4. Elle ne se lave pas.
5. Il ne se couche pas.

EXERCICE 10

1. je ne me lève pas
   tu ne te lèves pas
   il/elle ne se lève pas
   nous ne nous levons pas
   vous ne vous levez pas
   ils/elles ne se lèvent pas
2. je ne me couche pas
   tu ne te couches pas
   il/elle ne se couche pas
   nous ne nous couchons pas
   vous ne vous couchez pas
   ils/elles ne se couchent pas
3. je ne me réveille pas
   tu ne te réveilles pas
   il/elle ne se réveille pas
   nous ne nous réveillons pas
   vous ne vous réveillez pas
   ils/elles ne se réveillent pas

EXERCICE 11

1. Je ne me suis pas couché.
2. Il ne s'est pas levé.
3. Elles ne se sont pas regardées.
4. Vous ne vous êtes pas levés.
5. Tu ne t'es pas couché.

EXERCICE 12

1. Non, je ne me suis pas couché tôt (hier soir).
2. Non, je ne me suis pas levé en retard (ce matin).
3. Non, il ne s'est pas lavé (ce matin).
4. Non, il ne s'est pas rasé (ce matin).
5. Non, elle ne s'est pas maquillée (ce matin).
6. Non, nous ne nous sommes pas reposés (en fin de semaine).
7. Non, ils ne se sont pas levés à six heures.
8. Non, elles ne se sont pas rencontrées au restaurant.
9. Non, ils ne se sont pas couchés tard.
10. Non, je ne me suis pas levé tôt (ce matin).

EXERCICE 13

1. Il ne va pas se coucher.
2. Nous n'allons pas nous lever.
3. Je ne vais pas me laver.
4. Elle ne va pas se regarder.
5. Vous n'allez pas vous coucher.

EXERCICE 14

1. je ne vais pas me coucher
   tu ne vas pas te coucher
   il/elle ne va pas se coucher
   nous n'allons pas nous coucher
   vous n'allez pas vous coucher
   ils/elles ne vont pas se coucher
2. je ne vais pas m'habiller
   tu ne vas pas t'habiller
   il/elle ne va pas s'habiller
   nous n'allons pas nous habiller
   vous n'allez pas vous habiller
   ils/elles ne vont pas s'habiller
3. je ne vais pas me réveiller
   tu ne vas pas te réveiller
   il/elle ne va pas se réveiller
   nous n'allons pas nous réveiller
   vous n'allez pas vous réveiller
   ils/elles ne vont pas se réveiller

9. *La question*

EXERCICE 1

1. Regardes-tu la télévision ?
2. Écoute-t-il la radio ?
3. Parlent-elles ?
4. Mangez-vous des céréales ?
5. Dorment-ils ?
6. Travaille-t-elle ?
7. Écrivez-vous une lettre ?
8. Pars-tu bientôt ?
9. Étudiez-vous ?
10. Prend-il des notes ?

EXERCICE 2

1. As-tu étudié ?
2. Ont-elles écouté ?
3. Êtes-vous partis ?
4. A-t-elle dormi ?
5. Ont-ils travaillé ?

EXERCICE 3

1. As-tu fini ton travail ?
2. Est-il parti ?
3. A-t-il téléphoné ?
4. Ont-ils étudié ?
5. Êtes-vous allés au cinéma ?
6. Avez-vous rencontré des clients ?
7. As-tu/Avez-vous envoyé ton/votre curriculum vitæ ?
8. Es-tu/Êtes-vous allé au magasin ?
9. As-tu/Avez-vous acheté le journal ?
10. As-tu/Avez-vous compris ?

EXERCICE 4

1. Vont-ils regarder la télévision ?
2. Vas-tu travailler ?
3. Allons-nous avoir un examen ?
4. Va-t-elle dormir ?
5. Allez-vous partir ?
6. Va-t-il arriver plus tard ?
7. Va-t-elle revenir demain ?
8. Vont-ils poser des questions ?
9. Vont-elles assister à la réunion ?
10. Allons-nous avoir une pause-café ?

EXERCICE 5

1. Comment vas-tu ?
2. Où est-il ?
3. Pourquoi est-il fâché ?
4. Quand va-t-elle revenir ?
5. Comment travaillent-ils ?
6. Pourquoi es-tu fatigué ?
7. Pourquoi ouvre-t-il la fenêtre ?
8. Où est mon livre ?
9. Pourquoi est-il parti ?
10. Où est-il allé ?
11. Quand est-il parti ?
12. Comment est-il allé chez son client ?
13. Quand va-t-il revenir ?
14. Pourquoi vas-tu partir à deux heures ?
15. Comment va-t-elle aller au magasin ?
16. Où vont-ils manger à midi ?

EXERCICE 6

1. Quel âge avez-vous ?
2. Quel est votre nom ?
3. Quelle est votre adresse ?
4. Quel est votre code postal ?
5. Quels sont vos loisirs ?
6. Quelles sont vos couleurs préférées ?
7. Quelles langues parle-t-il ?
8. Quelle est la couleur de son chandail ?
9. Quel est votre dessert favori ?
10. Quelle heure est-il ?

EXERCICE 7

1. Est-ce qu'elle étudie ?
2. Est-ce que vous travaillez ?
3. Est-ce que tu comprends ?
4. Est-ce qu'ils sont à la maison ?
5. Est-ce qu'il fait beau ?
6. Est-ce qu'elle est partie ?
7. Est-ce qu'ils ont dormi ?
8. Est-ce qu'il a téléphoné ?
9. Est-ce qu'elle est venue ?
10. Est-ce que vous avez fini ?
11. Est-ce que vous allez venir ?
12. Est-ce qu'ils vont étudier ?
13. Est-ce que tu vas faire le ménage ?
14. Est-ce qu'elles vont sortir ?
15. Est-ce que nous allons faire une pause ?

EXERCICE 8

1. Qu'est-ce qu'elle boit ?
2. Qu'est-ce que tu fais/vous faites ?
3. Qu'est-ce que tu lis/vous lisez ?
4. Qu'est-ce qu'il prépare ?
5. Qu'est-ce qu'elles veulent ?
6. Qu'est-ce que tu as/vous avez acheté ?
7. Qu'est-ce qu'ils ont apporté ?
8. Qu'est-ce qu'il a nettoyé ?
9. Qu'est-ce qu'elle a perdu ?
10. Qu'est-ce qu'il a brisé ?
11. Qu'est-ce qu'il va acheter ?
12. Qu'est-ce que nous allons manger ?
13. Qu'est-ce que tu vas/vous allez faire ?
14. Qu'est-ce qu'elles vont demander ?
15. Qu'est-ce qu'elle va dire ?